Gianluca Pedrotti

Italienisch Übungsbuch Grammatik A1–A2

SEHEN – VERSTEHEN – ANWENDEN

Hueber Verlag

Die Online-Übungen finden Sie unter:
https://go.hueber.de/uebungsbuch-grammatik-italienisch

Der Verlag weist ausdrücklich darauf hin, dass im Text enthaltene externe Links vom Verlag nur bis zum Zeitpunkt der Buchveröffentlichung eingesehen werden konnten. Auf spätere Veränderungen hat der Verlag keinerlei Einfluss. Eine Haftung des Verlags ist daher ausgeschlossen.

5. 4. 3. | Die letzten Ziffern
2029 28 27 26 25 | bezeichnen Zahl und Jahr des Druckes.
Alle Drucke dieser Auflage können, da unverändert, nebeneinander benutzt werden.
1. Auflage

Umschlaggestaltung: Sieveking Agentur, München
Layout und Satz: Sieveking Agentur, München
Verlagsredaktion: Melanie Höfer, Hueber Verlag, München
GPSR-Kontakt: Hueber Verlag GmbH & Co. KG, Baubergerstraße 30, 80992 München, kundenservice@hueber.de
Druck und Bindung: Friedrich Pustet GmbH & Co. KG, Gutenbergstraße 8, 93051 Regensburg, technik@pustet.de
Printed in Germany
ISBN 978-3-19-337910-8

Art. 530_25069_001_03

Vorwort

Das **Übungsbuch Grammatik A1–A2** richtet sich an alle Italienischlernenden ab Niveaustufe A1, die ihre Grammatikkenntnisse systematisch und aktiv festigen oder auffrischen möchten.

Das Buch bietet ein klar strukturiertes, intensives Lern- und Übungsprogramm, mit dem Sie alle wichtigen italienischen Grammatikinhalte nach dem Prinzip **Sehen – Verstehen – Anwenden** selbst entdecken und gezielt trainieren können.

Jedes Kapitel ist nach diesem Prinzip übersichtlich aufgebaut:

- **START** In einer kurzen, hinführenden Übung entdecken Sie das jeweilige Thema.
- **SEHEN** Sie ordnen die Übungsinhalte zu und erhalten so einen Überblick über wichtige Formen und Anwendungsbeispiele.
- **VERSTEHEN** Anhand der Beispiele erarbeiten Sie die konkreten, grundlegenden Grammatikregeln.
- **ANWENDEN** Sie trainieren ausführlich und abwechslungsreich das Gelernte in kontextbezogenen Übungen. So lernen Sie nebenher nützlichen Wortschatz für wichtige Alltags- und Kommunikationssituationen.
- Schwierige Wörter werden am Ende jedes Kapitels erklärt. Unterstreichungen von Buchstaben geben eine von der Regel abweichende Betonung an.
- Infoboxen weisen auf häufige Fehlerquellen ! und Unterschiede zum Deutschen ⋈ hin.

Je nach Bedarf ist es möglich, gewünschte Kapitel oder zusammenhängende Themen auszuwählen, oder das ganze Buch systematisch durchzuarbeiten. Themen auf Niveau A2 sind durch einen Stern ★ neben der Kapitelüberschrift gekennzeichnet.

Im Anhang finden Sie einen Lösungsschlüssel, eine Tabelle mit den wichtigsten unregelmäßigen Verben und ein Stichwortregister.

Die Online-Übungen finden Sie unter:
https://go.hueber.de/uebungsbuch-grammatik-italienisch

Inhalt

Verwendete Abkürzungen

m	männlich	*Sing.*	Singular
w	weiblich	*Kap.*	Kapitel
Pl.	Plural		

1 Geschlecht

Italienische Substantive (Nomen, Hauptwörter) sind entweder männlich *(m)* oder weiblich *(w)*, es gibt kein sächliches Geschlecht (Neutrum). In der Regel ist das Geschlecht (Genus) an der Endung erkennbar:
*gelat**o** (m), past**a** (w), cappuccin**o** (m), cultur**a** (w)*

Das Geschlecht von Substantiven stimmt im Italienischen oft nicht mit dem des entsprechenden deutschen Substantivs überein: *luna (w)* → Mond *(m)*.

START

Unterstreichen Sie mit einem roten Stift die Substantive auf *-a*, mit einem blauen Stift die Substantive auf *-o* und mit einem grünen Stift die Substantive auf *-e*.

Napoli è...

vino, sole, pasta, cultura, teatro, storia, mare, pizza, tradizione, amore, gelato e cibo.

Visita Napoli!

SEHEN

Tragen Sie die im Text unterstrichenen Substantive in die jeweils passende Spalte ein.

-o	-a	-e
______	______	______
______	______	______
______	______	______
______	______	______

VERSTEHEN

Ergänzen Sie nun die folgenden Regeln.

- Substantive mit der Endung *-o* sind meistens ☐ männlich. ☐ weiblich.
- Substantive mit der Endung *-a* sind meistens ☐ männlich. ☐ weiblich.
- Substantive mit der Endung _____ können sowohl männlich als auch weiblich sein.

! Bei Substantiven auf *-e* empfiehlt es sich, das grammatische Geschlecht (männlich oder weiblich) zusammen mit dem entsprechenden Wort zu lernen. Bei einigen Substantiven gibt die Endsilbe Auskunft darüber, ob das Wort männlich oder weiblich ist. In der Regel sind Substantive auf *-ore* männlich (*amore*, *colore*) und Substantive auf *-ione* weiblich (*tradizione*, *passione*).

ANWENDEN

1. Kreuzen Sie die weiblichen Substantive an.

☐ stagione	☐ colore	☐ odore	☐ generazione	☐ tempo
☐ musica	☐ giorno	☐ passione	☐ profumo	☐ vino
☐ amore	☐ piazza	☐ cucina	☐ moda	☐ regione

2. Auch das ist Neapel! Entscheiden Sie, ob die folgenden Wörter männlich oder weiblich sind und tragen Sie sie in die jeweils passende Spalte ein.

mercato opera albergo isola vulcano sfogliatella
pizzeria golfo via porto piazza castello

männlich	weiblich
______	______
______	______
______	______
______	______
______	______
______	______

3. **Luisa geht in Neapel auf den Markt. Folgende Wörter haben mit dem Thema *Markt in Italien* zu tun. Ergänzen Sie die Liste mit „m" oder „w", wie im Beispiel angegeben. Achten Sie auf die Substantive mit der Endung *-e*.**

marmellata	w	burro	______	discussione	______
sapore	______	rumore	______	frutta	______
superstizione	______	mozzarella	______	prosciutto	______
peperoncino	______	insalata	______	tradizione	______

! Ausnahmen: Es gibt jedoch auch wenige weibliche Substantive auf *-o*:
radio (Radio), *foto* (Foto), *moto* (Motorrad), *auto* (Auto).
Es gibt umgekehrt männliche Substantive auf *-a* bzw. auf *-ma*:
cinema (Kino), *tema* (Thema), *problema* (Problem).
Substantive, die auf Konsonant enden (meistens Fremdwörter), sind in der Regel männlich: *toast*, *yogurt*, *film*, *bar*.

la tradizione	Tradition	il golfo	Golf
la passione	Leidenschaft	il porto	Hafen
la stagione	Jahreszeit	il castello	Burg, Schloss
l'odore *m*	Geruch	il sapore	Geschmack
la generazione	Generation	la superstizione	Aberglaube
il profumo	Duft, Parfum	il peperoncino	Chili
l'isola	Insel	il rumore	Lärm
la sfogliatella	Blätterteiggebäck	la discussione	Diskussion, Streit

2 Regelmäßige Pluralformen

Im Italienischen wird, wie im Deutschen, zwischen Singular (Einzahl) und Plural (Mehrzahl) eines Substantivs unterschieden. Die Pluralform wird im Regelfall durch eine Änderung der Wortendung gebildet.
corso → *corsi* (Kurs → Kurse)
scuola → *scuole* (Schule → Schulen)

Regelmäßige Pluralformen

START

Lesen Sie die Werbung dieser Sprachschule und unterstreichen Sie die Substantive im Plural, wie im Beispiel.

SCUOLA DI LINGUE *ItaliaPiù*

Corsi d'italiano per adulti.
5 lezioni al giorno in gruppi di 8 persone.

- 250 € per 1 settimana
- 400 € per 2 settimane
- 900 € per 1 mese
- 1600 € per 2 mesi

Per informazioni: italiapiu@italiapiu.it.

SEHEN

Sehen Sie sich die Tabelle an und ergänzen Sie sie mit den Substantiven, die Sie unterstrichen haben.

	Singular	Plural
männlich	corso adulto gruppo	corsi ______ ______
weiblich	lingua persona settimana	lingue ______ ______
männlich oder **weiblich**	mese *(m)* lezione *(w)* informazione *(w)*	______ ______ ______

VERSTEHEN

Ergänzen Sie nun die folgenden Regeln.

- Männliche Substantive auf *-o* bilden den Plural auf ☐ *-i*. ☐ *-e*.
- Weibliche Substantive auf *-a* bilden den Plural auf ☐ *-i*. ☐ *-e*.
- Männliche und weibliche Substantive auf *-e* bilden den Plural auf ____.

ANWENDEN

1. **Alles für die Schule! Suchen Sie im Kasten die italienischen Bezeichnungen für die unten stehenden Substantive. Tragen Sie sie in die Tabelle ein und bilden Sie anschließend die Pluralform.**

	Singular	Plural
Bleistift	____	____
Buch	____	____
Heft	____	____
Tafel	____	____
Kugelschreiber	____	____
Rucksack	____	____
Schule	____	____

O	Q	G	J	P	E	N	N	A
M	A	T	I	T	A	G	K	Q
N	I	D	Y	H	K	H	Y	U
L	L	A	V	A	G	N	A	A
L	D	X	U	S	R	O	F	D
I	D	A	R	C	Y	Z	A	E
B	F	Y	M	U	R	A	I	R
R	Q	L	F	O	Q	I	N	N
O	M	J	B	L	Z	N	P	O
V	X	G	L	A	K	O	G	E

2. **Vervollständigen Sie die Werbung der Sprachschule *ItaliaPiù* mit den folgenden Substantiven in der Pluralform. Die Wörter sind in der richtigen Reihenfolge angegeben.**

lezione livello studente Paese risultato aula lavagna sedia tavolo

La scuola *ItaliaPiù* offre ____ d'italiano per ____ A1–C2. Più di 1000 ____ da diversi ____ di tutto il mondo frequentano *ItaliaPiù* e hanno ____ ottimi. Cinque ____ con ____ interattive, ____ comode, ____ grandi...

3. Was sagen die Kursteilnehmer über die Sprachschule? Lesen Sie den unten stehenden Kommentar und kreuzen Sie die jeweils korrekte Pluralform der Substantive an.

È una bella esperienza! *ItaliaPiù* organizza due ☐ escursione / ☐ escursioni ogni settimana e quattro ☐ serate / ☐ serata con musica, ☐ canzone / ☐ canzoni e animazione ogni mese! È facile conoscere ☐ persone / ☐ persona di ☐ Paesi / ☐ Paese come Stati Uniti, Cina, Giappone e incontrare ☐ cultura / ☐ culture differenti. Faccio due ☐ corsi / ☐ corse (sei ☐ ora / ☐ ore ogni giorno) da due ☐ mesi / ☐ mese: imparo ☐ parole / ☐ parola nuove e leggo ☐ testi / ☐ testo di letteratura. Claudio e Irene sono ☐ insegnante / ☐ insegnanti molto bravi!

l'adulto/-a	Erwachsene	la lavagna interattiva	interaktives Whiteboard
la lavagna	Tafel	comodo	bequem
il risultato	Ergebnis	l'esperienza	Erfahrung
l'aula	Klassenzimmer, Kursraum	l'escursione *w*	Ausflug
ottimo	*hier:* ausgezeichnet	l'animazione *w*	Animation

★ 3 Unregelmäßige Pluralformen

Nicht alle Substantive sind regelmäßig in der Bildung der Pluralform. Einige haben für Singular und Plural nur eine Form. Andere weisen bei der Pluralbildung Besonderheiten im Geschlecht oder in der Aussprache bzw. in der Schreibung auf.

un caffè → *due caffè*

un albergo → *due alber**ghi***

START

Lesen Sie das Profil der Region Lombardei und unterstreichen Sie die Substantive im Plural.

Regione Lombardia

- 15.409.809 turisti nel 2018
- 11 città medio-grandi
- 10 parchi
- 7 laghi
- 12 province
- 14 università
- 190 cinema
- circa 25.000 bar
- Specialità da provare: asparagi rosa di Mezzago

SEHEN

Sehen Sie sich die Tabelle an und ergänzen Sie sie mit den Substantiven, die Sie unterstrichen haben.

Singular	Plural	Singular	Plural
bar	______	parco	______
film	film	lago	______
città	______	austriaco	austriaci
università		asparago	______
cinema	______	amica	amiche
radio	radio	collega	colleghe
turista *(m/w)*	______ *(m)*	camicia	camicie
	turiste *(w)*	valigia	valigie
provincia	______		
pioggia	piogge		

VERSTEHEN

Ergänzen Sie nun die folgenden Regeln.

- Substantive, die auf Konsonant oder betonten Vokal enden, haben im Singular und im Plural ☐ unterschiedliche Formen. ☐ die gleiche Form.
- Kurzformen wie *cinema (cinematografo)*, *auto (automobile)*, *radio (radiofonia)*, *bici (bicicletta)* ☐ bleiben unverändert ☐ ändern sich im Plural.
- Substantive auf *-ista* haben im Singular eine einzige Form für beide Geschlechter und zwei Pluralformen, männlich auf ____ und weiblich auf ____.
- Substantive auf *-co* / *-go*, die auf der vorletzten Silbe betont werden, wie *parco*, bilden den Plural auf ☐ *-ci* / *-gi*. ☐ *-chi* / *-ghi*.
  Ausnahmen: *amico* → *amici*; *greco* → *greci*.
- Substantive auf *-co* / *-go*, die auf der drittletzten Silbe betont werden, wie *asparago*, bilden den Plural auf ☐ *-ci* / *-gi*. ☐ *-chi* / *-ghi*.

! Substantive auf *-cia* / *-gia* bilden den Plural auf *-cie* / *-gie*, wenn der Endung ein Vokal vorangeht (z. B. *camicia* → *camicie*). Substantive auf *-cia* / *-gia* bilden den Plural auf *-ce* / *-ge*, wenn der Endung ein Konsonant vorangeht (z. B. *provincia* → *province*).

ANWENDEN

1. **Aktuelle Angebote! Sehen Sie sich diesen Flyer mit den Angeboten der Woche an: Für zwei gekaufte Produkte bekommen Sie eines geschenkt. Bilden Sie die Pluralformen der Substantive, wie im Beispiel.**

Grande offerta!

Se tu compri...	...noi regaliamo:
2 *film*	1 film
2 ________	1 focaccia
2 ________	1 ananas
2 ________ di frutta	1 succo di frutta
2 ________	1 yogurt
2 ________ di spaghetti	1 pacco di spaghetti
2 ________ di manzo	1 bistecca di manzo

2. Suchen Sie im Buchstabenrätsel die italienischen Bezeichnungen für die unten stehenden Wörter. Tragen Sie sie in die linke Spalte ein und bilden Sie die entsprechende Pluralform.

Bus | Kaffee | Zahnarzt | Hotel | Koch | Diskothek | Dusche

Singular	Plural
______	______
______	______
______	______
______	______
______	______
______	______
______	______

C	W	A	L	B	E	R	G	O
U	T	U	G	C	L	O	L	D
O	B	T	O	A	P	U	D	E
C	I	O	Y	F	T	L	O	N
O	F	B	L	F	C	Q	C	T
Z	C	U	Y	È	O	W	C	I
A	X	S	F	G	C	M	I	S
A	G	D	W	K	M	M	A	T
D	I	S	C	O	T	E	C	A
X	I	K	G	K	V	P	F	O

3. Ausflug in der Lombardei! Kreuzen Sie die jeweils korrekte Pluralform an.

La Lombardia offre molte ☐ attività / ☐ attivite per i turisti: è possibile visitare i ☐ borgi / ☐ borghi come Lovere e Soncino o ☐ città / ☐ citte come Milano, Bergamo, Cremona. Nei ☐ lagi / ☐ laghi è possibile fare gite con ☐ barche / ☐ barce o traghetti o fare una passeggiata sulle ☐ spiagge / ☐ spiaggie. In questa regione crescono alberi di ☐ ciliegie / ☐ ciliege, ☐ albicocche / ☐ albicocce, limoni o ☐ arancie / ☐ arance. Per gli amanti della natura nei ☐ boschi / ☐ bosci si possono raccogliere ☐ fungi / ☐ funghi. Di giorno è possibile fare tutti gli ☐ sport / ☐ sports o noleggiare ☐ bice / ☐ bici e ☐ moto / ☐ moti. La sera è bello frequentare i ☐ bar / ☐ bars o i locali della zona.

la provincia	Provinz	la gita	Ausflug
medio-grande	mittelgroß	il traghetto	Fähre
l'asparago	Spargel	crescere	wachsen
l'offerta	Angebot	l'albero	Baum
regalare	schenken	la ciliegia	Kirsche
la focaccia	Focaccia, Weißbrotfladen	l'albicocca	Aprikose, Marille
		l'amante *m/w*	Liebhaber/in
la bistecca di manzo	Rindersteak	il bosco	Wald
il borgo	Dorf	raccogliere	sammeln

4 Berufs- und Personenbezeichnungen

Substantive, die Personen oder Berufe bezeichnen, haben meist sowohl eine männliche als auch eine weibliche Form. Einige unterscheiden sich nur in der Endung, manche haben für beide Geschlechter zwei ganz unterschiedliche Formen, andere wiederum haben eine gemeinsame Form. Die Pluralbildung erfolgt nach den aus Kapitel 2 und 3 bekannten Regeln.

Luca è ***infermiere****, Alessio fa* ***l'attore*** e Cristina lavora come ***giornalista***.

! Im Italienischen gibt es drei Möglichkeiten, um zu sagen, welchen Beruf man ausübt:

1) das Verb *essere* + Berufsbezeichnung: *Luca è infermiere*;
2) das Verb *fare* + bestimmter Artikel + Berufsbezeichnung: *Alessio fa l'attore*;
3) das Verb *lavorare* + *come* + Berufsbezeichnung: *Cristina lavora come giornalista*.

START

Lesen Sie folgenden Dialog und unterstreichen Sie die Berufs- und Personenbezeichnungen.

◆ Allora, Cristina, come sono i tuoi vicini di casa?

○ Sono tutti molto simpatici. Vicino a me vive Carmela, una cantante del Teatro alla Scala: abita con Manuel, uno scrittore di romanzi gialli. Al primo piano vivono i Baruzzi: lui è professore di matematica, sua moglie fa la farmacista e la loro figlia è medico. Accanto a loro abita Marco che fa il parrucchiere e sua moglie è commessa in un negozio.

SEHEN

Sehen Sie sich die Tabelle an und ergänzen Sie sie mit den Berufs- und Personenbezeichnungen, die Sie unterstrichen haben.

männlich	weiblich
commess**o**	________
figli**o**	________
vicin**o**	vicin**a**
________	parrucchi**era**
________	professor**essa**
________	scrit**trice**
farmac**ista**	________
cant**ante**	________
consul**ente**	consul**ente**
medico	medico
marito	________
padre	madre

VERSTEHEN

Ergänzen Sie nun die folgenden Regeln.

- Bezeichnungen für Berufe und Personen mit einer männlichen Form auf *-o* bilden die weibliche Form auf ________.
- Bezeichnungen für Berufe mit einer männlichen Form auf *-iere* bilden die weibliche Form auf ________.
- Einige Bezeichnungen für Berufe mit einer männlichen Form auf *-e* bilden die weibliche Form auf ________, wie z. B. professor*essa*.
- Bezeichnungen für Berufe mit der Endung *-tore* bilden die weibliche Form auf ________.
- Substantive auf *-ante*, *-ente* und *-ista* haben ☐ die gleiche Form ☐ zwei unterschiedliche Formen für beide Geschlechter.

Berufs- und Personenbezeichnungen

! Bei Substantiven, die nur eine Form für die Bezeichnung beider Geschlechter haben, gibt entweder der Artikel oder der Zusammenhang an, ob es sich um eine männliche oder weibliche Person handelt.
un *cantante* (ein Sänger) – ***una*** *cantante* (eine Sängerin)

ANWENDEN

1. **Bilden Sie aus den Wortteilen sechs Berufsbezeichnungen. Tragen Sie sie in die jeweils richtige Spalte ein und ergänzen Sie die entsprechende männliche oder weibliche Form.**

lista | tore | segre | messa | gata | com | ope | taria | impie | raio | diret | giorna

männlich	weiblich
______	______
______	______
______	______
______	______
______	______
______	______

2. **Lesen Sie die Definitionen und finden Sie die entsprechenden Berufe mithilfe der Buchstabenschlange.**

viresmilcamerierematsiinsegnanteterstoattricestrelainfermierefersaicuocolopede

a. Aiuta il medico in ospedale. ______
b. È il lavoro di Sophia Loren. ______
c. Lavora in una scuola. ______
d. Serve ai tavoli al ristorante. ______
e. Cucina in un ristorante. ______

3. Wer sind Cristinas Nachbarn? Übersetzen Sie die Wörter in Klammern mithilfe von Übung 1 und 2. Achten Sie dabei auf die männlichen bzw. weiblichen Formen.

La signora Marini lavora come ________________ (Krankenschwester), suo ________________ (Ehemann) Giovanni è ________________ (Schauspieler) in un teatro e il loro ________________ (Sohn) è ________________ (Lehrer) in un liceo. La signora Venturini ha un ristorante e fa la ________________ (Köchin), la sua amica lavora come ________________ (Kellnerin) da lei.

4. Was machen/machten diese italienischen Berühmtheiten beruflich? Vervollständigen Sie die Berufsbezeichnungen mit der jeweils richtigen Endung.

Leonardo da Vinci è stato un artist______ importante che ha lavorato anche come pit______ e architett______. Dante è conosciuto come scrit______, ma è stato anche filosof______. Tra le donne ricordiamo Oriana Fallaci, scrit______ e giornalist______ italiana, e Rita Levi Montalcini, medic______ e scienziat______. Per la musica c'è Laura Pausini, una cantant______ molto amata, per il cinema abbiamo Monica Bellucci, un'at____ e modell______ che abita in Francia. Infine Roberto Benigni è un regist______ e at______ famoso.

l'infermiere/-iera	Kranken-pfleger/in	servire	bedienen
		il liceo	Gymnasium
l'attore / l'attrice *m/w*	Schauspieler/in	l'artista *m/w*	Künstler/in
il/la cantante	Sänger/in	il/la pittore/-trice	Maler/in
lo/la scrittore/-trice	Schriftsteller/in	l'architetto/-a	Architekt/in
il romanzo giallo	Kriminalroman	il/la filosofo/-a	Philosoph/in
il/la parrucchiere/-iera	Friseur/in	lo/la scienziato/-a	Wissen-schaftler/in
il/la consulente	Berater/in		
l'operaio/-a	Arbeiter/in	il/la regista	Regisseur/in

5 Unbestimmter Artikel

Der unbestimmte Artikel wird, wie im Deutschen, unter anderem dann verwendet, wenn man sich auf Personen oder Dinge bezieht, die zum ersten Mal erwähnt werden und nicht als bekannt vorausgesetzt werden können.

◆ *Vorrei **una** birra, per favore.* ○ *Per me **un** succo di frutta.*

Die Formen des unbestimmten Artikels hängen vom Geschlecht (männlich oder weiblich) und vom Anfangsbuchstaben des nachfolgenden Wortes ab.

START

Lesen Sie den Dialog und unterstreichen Sie die unbestimmten Artikel.

◆ Ragazzi, che cosa prendete?
○ Io vorrei un aperitivo… Uno spritz, per favore.
▲ Per me un succo di frutta.
✚ Io prendo una birra media. E tu, Alessia?
◻ Vorrei qualcosa di analcolico. Prendo un'aranciata amara.

SEHEN

Sehen Sie sich jetzt die Tabelle an und ergänzen Sie die Lücken mit den Artikeln, die Sie unterstrichen haben.

männlich	______	succo		
	______	aperitivo		
	uno	gnomo	uno	xilofono
	uno	psicologo	uno	yogurt
	______	spritz	uno	zio
weiblich	______	birra		
	______	aranciata		

VERSTEHEN

Ergänzen Sie nun die folgenden Regeln.

- Bei männlichen Wörtern, die mit Konsonant oder Vokal beginnen, lautet der unbestimmte Artikel _____.
- Der unbestimmte Artikel bei männlichen Substantiven, die mit *gn-*, *ps-*, *s* + Konsonant, *x-*, *y-* und *z-* beginnen, lautet _____.
- Bei weiblichen Substantiven, die mit Konsonant beginnen, verwendet man _____.
- Bei weiblichen Substantiven, die mit Vokal beginnen, verkürzt sich *una* zu _____ und wird ☐ ohne Apostroph ☐ mit Apostroph geschrieben.

! Der Artikel *un'* steht nur vor weiblichen Substantiven, die mit einem Vokal beginnen. Der Apostroph kann in der Schriftsprache Informationen über das Geschlecht der Person geben:
un insegnante (ein Lehrer) – *un'*insegnante (eine Lehrerin)
un olandese (ein Holländer) – *un'*olandese (eine Holländerin)

ANWENDEN

1. **Was kann man in einer Bar in Italien konsumieren? Ordnen Sie die folgenden Wörter dem jeweils korrekten Artikel in der Tabelle zu.**

amaro spuntino acqua minerale spremuta vino spumante pizzetta insalata stuzzichino acqua tonica focaccia panino

un	uno	una	un'
______	______	______	______
______	______	______	______
______	______	______	______

2. Lesen Sie die Profile der Freunde und kreuzen Sie den jeweils richtigen Artikel an.

Alessia è ☐ una / ☐ uno studentessa di Lingue. È di Foligno, ☐ un / ☐ una città in Umbria, ma abita a Roma in ☐ un / ☐ uno studentato.

Giovanni fa ☐ uno / ☐ un tirocinio in ☐ uno / ☐ una scuola privata e vive in ☐ un' / ☐ un appartamento con ☐ un' / ☐ una amica e ☐ un / ☐ uno studente spagnolo.

Lucia lavora per ☐ un / ☐ uno psicologo in ☐ un' / ☐ un ambulatorio e il suo ragazzo Cristian è impiegato in ☐ un' / ☐ un azienda farmaceutica.

3. Was wünscht sich Alessia zum Geburtstag? Ergänzen Sie den Text mit den unbestimmten Artikeln.

Per il mio compleanno vorrei...

______ computer portatile, ______ borsa, ______ motorino (magari ______ Vespa!), ______ zaino nuovo, ______ scrivania grande, ______ animale domestico (per esempio ______ gatto), ______ lampada da tavolo, ______ vacanza su ______ yacht e ______ lavoro in ______ università italiana!

lo gnomo	Zwerg	l'ambulatorio	Praxis
lo spuntino	Snack, Zwischenmahlzeit	l'azienda farmaceutica	Pharmaunternehmen
lo stuzzichino	Häppchen	il computer portatile	Laptop
l'acqua tonica	Tonic Water	il motorino	Moped
lo studentato	Studentenwohnheim	magari	*hier:* vielleicht
il tirocinio	Praktikum	l'animale dòmestico	Haustier

6 Bestimmter Artikel

Der bestimmte Artikel wird verwendet, wenn man sich auf bekannte oder bereits erwähnte Personen oder Dinge bezieht.
*Visita **la** regione Puglia. **Il** mare della Puglia è stupendo.*

Die Form des bestimmten Artikels hängt von Geschlecht, Zahl und Anfangsbuchstaben des darauf folgenden Substantivs ab.

Anders als im Deutschen gibt es im Italienischen kein sächliches Geschlecht (Neutrum) und daher keinen sächlichen Artikel.

START

Lesen Sie die Broschüre und unterstreichen Sie die bestimmten Artikel.

Il mare, la cucina, l'arte, i monumenti, gli spettacoli, l'architettura, l'amore per le tradizioni... Visita la regione Puglia con la famiglia e gli amici!

SEHEN

Sehen Sie sich jetzt die Tabelle an und ergänzen Sie die Lücken mit den fehlenden Artikeln aus dem Text.

	Singular		Plural	
männlich	il	monumento	______	monumenti
	l'	amico	______	amici
	lo	spettacolo	______	spettacoli
	lo	gnomo	gli	gnomi
	lo	psicologo	gli	psicologi
	lo	yogurt	gli	yogurt
	lo	zio	gli	zii
weiblich	______	cucina	le	cucine
	______	arte	le	arti

VERSTEHEN

Ergänzen Sie nun die folgenden Regeln.

- Der bestimmte Artikel *il* steht vor männlichen Substantiven, die mit Konsonant beginnen (außer *gn-*, *ps-*, *s* + Konsonant, *y-*, *x-*, *z-*). Seine Pluralform lautet _____.
- Der bestimmte Artikel bei männlichen Wörtern, die mit *gn-*, *ps-*, *s* + Konsonant, *x-*, *y-* und *z-* beginnen, lautet _____.
- Bei männlichen Wörtern, die mit Vokal oder mit *gn-*, *ps-*, *s* + Konsonant, *x-*, *y-* und *z-* beginnen, verwendet man im Plural den bestimmten Artikel _____.
- Der bestimmte Artikel *l'* steht ☐ nur vor weiblichen Substantiven, die mit Vokal beginnen. ☐ vor männlichen und weiblichen Substantiven, die mit Vokal beginnen.
- Bei weiblichen Substantiven, die mit Konsonant beginnen, verwendet man im Singular _____.
- Der bestimmte Artikel vor allen weiblichen Substantiven im Plural ist immer _____.

ANWENDEN

1. **Was packt Arianna in den Koffer? Ordnen Sie zu.**

occhiali da sole | crema solare | guida turistica | abito da sera | spazzolino | passaporto | libri | pantaloni | cappello | orologio | zaino | scarpe | agenda | carte di credito | stivali | amaca

il	lo	la	l' *(m)*
________	________	________	________
________	________	________	________
l' *(w)*	**i**	**gli**	**le**
________	________	________	________
________	________	________	________

2. Lesen Sie diesen kurzen Artikel über Apulien und kreuzen Sie den jeweils richtigen Artikel an.

Ogni anno ☐ gli / ☐ i / ☐ le turisti visitano ☐ il / ☐ la / ☐ le regione Puglia per ☐ i / ☐ gli / ☐ le spiagge e ☐ la / ☐ il / ☐ lo mare blu. Anche ☐ gli / ☐ le / ☐ i italiani passano ☐ gli / ☐ le / ☐ i vacanze qui per ☐ l' / ☐ la / ☐ lo offerta culturale, per ☐ il / ☐ la / ☐ lo cucina tradizionale e ☐ i / ☐ le / ☐ gli eventi musicali. Molti vanno a Lecce per vedere ☐ l' / ☐ la / ☐ lo architettura, per visitare ☐ gli / ☐ i / ☐ le monumenti, ☐ gli / ☐ le / ☐ i chiese e ☐ gli / ☐ i / ☐ le castelli. Per ☐ i / ☐ le / ☐ gli sportivi la Puglia è ☐ il / ☐ lo / ☐ la posto perfetto: qui è possibile praticare tutti ☐ i / ☐ le / ☐ gli sport: ☐ lo / ☐ il / ☐ la nuoto, ☐ lo / ☐ l' / ☐ il sci su acqua e naturalmente ☐ il / ☐ l' / ☐ lo calcio.

3. Ein Tag in Apulien. Ergänzen Sie den Text mit den bestimmten Artikeln.

____ ragazzi vanno al mare presto: molti vanno alla spiaggia di Santo Stefano, una zona che ____ turisti non conoscono ancora. Prendono ____ sole, fanno ____ bagno o parlano con ____ amici sotto ____ ombrellone. Restano al mare tutto ____ giorno. Poi ____ serata inizia con ____ aperitivo e continua con ____ cena. ____ ristoranti sono buoni e offrono ____ piatti tipici come ____ gnocchi con ____ pesto. Anche ____ vini pugliesi sono ottimi! Dopo cena ____ discoteche organizzano serate divertenti.

stupendo	wunderbar	l'amaca	Hängematte
la crema solare	Sonnencreme	l'offerta	Angebot
la guida (turistica)	Reiseführer	l'evento musicale	Musikevent
l'abito da sera	Abendkleid	il castello	Burg, Schloss
lo spazzolino (da denti)	Zahnbürste	il nuoto	Schwimmen
il cappello	Hut	lo sci su acqua	Wasserski
l'orologio	Uhr	fare il bagno	baden
l'agenda	Terminkalender	l'ombrellone *m*	Sonnenschirm

★ 7 Teilungsartikel und Pronominaladverb *ne*

Man verwendet den Teilungsartikel, um eine unbestimmte Menge *(ein wenig, etwas, einige)* auszudrücken. Das Pronominaladverb *ne* wird verwendet, um eine Teilmenge einer bereits erwähnten Sache wiederzugeben.

◆ *Vorrei **delle** mele.*
○ *Quante **ne** vuole?*

Für den Teilungsartikel gibt es im Deutschen keine Entsprechung, deshalb wird der Teilungsartikel meist nicht übersetzt.
*Vorrei **della** frutta.* (Ich möchte (etwas) Obst.)

START

Unterstreichen Sie die Teilungsartikel und das Pronominaladverb *ne*.

○ Buongiorno, signora, mi dica.
◆ Vorrei dei mandarini.
○ Quanti ne vuole?
◆ Ne prendo un chilo.
○ Altro?
◆ Sì, vorrei delle pere.
○ Quante ne desidera?
◆ Due chili. Ah, vorrei anche dell'insalata e degli asparagi.

SEHEN

Tragen Sie die unterstrichenen Wörter aus dem Dialog in die Tabelle ein.

		Singular		Plural
männlich	di + il	del sedano	di + i	______ mandarini
	di + lo	dello spumante	di + gli	degli spinaci
	di + l'	dell'aglio	di + gli	______ asparagi
weiblich	di + la	della verdura	di + le	______ pere
	di + l'	______ insalata	di + le	delle arance

VERSTEHEN

Ergänzen Sie nun die folgenden Regeln.

- Der Teilungsartikel wird mit der Präposition ______ und ☐ dem unbestimmten Artikel ☐ dem bestimmten Artikel gebildet.
- Das Pronominaladverb *ne* ☐ bleibt unverändert ☐ verändert sich in Zahl und Geschlecht und steht ☐ vor dem konjugierten Verb. ☐ nach dem konjugierten Verb.

Im Deutschen bleibt *ne (davon)* unübersetzt.
*Quante **ne** vuole?* (Wie viele hätten Sie gerne?)

ANWENDEN

1. **Was braucht Anna für das Abendessen? Ordnen Sie die Wörter dem jeweils entsprechenden Teilungsartikel zu.**

Per la cena di stasera devo comprare...

acqua minerale olio burro zenzero sedano carote aceto pomodorini spaghetti zucchero patate stuzzichini verdura carne panini uva

del	dello	della	dell' *(m)*
______	______	______	______
______	______	______	______
dell' *(w)*	**dei**	**degli**	**delle**
______	______	______	______
______	______	______	______

2. **Die perfekte Minestrone. Kreuzen Sie die jeweils richtige Option an.**

"Per un buon minestrone prendi ☐ dei / ☐ delle carote, ☐ dell' / ☐ del olio, una cipolla e metti tutto in una pentola grande. Poi prendi ☐ delle / ☐ dei patate, ☐ degli / ☐ delle zucchine e ☐ dei / ☐ degli pomodori. Se ti piace, puoi usare anche ☐ dello / ☐ del

cavolfiore o ☐ delle / ☐ dei broccoli. Io aggiungo ☐ dei / ☐ degli fagiolini e ☐ dei / ☐ degli piselli perché mi piacciono molto. Metti le verdure nella pentola, aggiungi ☐ dell' / ☐ del acqua e fai cuocere per 40 minuti. Aggiungi ☐ del / ☐ dello sale e ☐ della / ☐ del pepe e, se vuoi, anche ☐ dei / ☐ degli aromi. Buon appetito!"

3. **Vervollständigen Sie den Dialog mit dem Teilungsartikel und dem Pronominaladverb *ne*.**

◆ Silvia, abbiamo tutto per la cena di stasera?

○ Vediamo... Allora, ho comprato ______ melanzane e ______ formaggio grattugiato per la parmigiana. Abbiamo ______ antipasti e ______ insalata. Per il dolce Marco porta ______ pasticcini. Senti, puoi comprare ______ spumante?

◆ Quanto ______ prendo?

○ Mah, quattro bottiglie. Ah, facciamo anche gli involtini. Puoi comprare ______ carne?

◆ Quanta ______ compro?

○ Un chilo.

gli asparagi	Spargel	aggiungere	hinzufügen
il sedano	Sellerie	i fagiolini	grüne Bohnen, Fisolen
lo zenzero	Ingwer	i piselli	Erbsen
l'aceto	Essig	gli aromi	Gewürze
gli stuzzichini	Knabbereien	la melanzana	Aubergine, Melanzani
l'uva	Weintrauben	grattugiato	gerieben
la pentola	Kochtopf	il pasticcino	Feingebäck, Törtchen
il cavolfiore	Blumenkohl, Karfiol	l'involtino	gefülltes Röllchen, Roulade

8 Formen und Angleichung

Adjektive (Eigenschaftswörter) sind Wörter, die ein Substantiv näher bestimmen. Adjektive richten sich in Zahl und Geschlecht nach der dazugehörigen Person oder Sache und werden im Italienischen in der Regel nachgestellt.

*È un ristorante car**o**.*

*La pasta alla Norma è una ricetta sicilian**a**.*

Anders als im Deutschen wird das Adjektiv immer angeglichen.

*Il vin**o** è car**o**.* (Der Wein ist teuer.) *I vin**i** sono car**i**.* (Die Weine sind teuer.)

Bei Aufzählungen von weiblichen und männlichen Substantiven nimmt das dazugehörige Adjektiv immer die männliche Form an.

La torta e il gelato sono buoni.

START

Lesen Sie folgende Rezension und unterstreichen Sie alle Adjektive.

Ristorante per una serata con amici ★★★★☆

Il ristorante è in centro a Verona. Il menù propone ricette italiane, piatti caldi e freddi con prodotti regionali. È perfetto per una serata con amici. Le pizze sono buone e grandi, i vini sono locali, ma un po' cari. Anna

SEHEN

Sehen Sie sich jetzt die Tabelle an und ergänzen Sie die Lücken mit den passenden Adjektiven, die Sie unterstrichen haben.

	Singular		Plural	
männlich	vino	caro	vini	______
weiblich	pizza	buona	pizze	______
männlich oder	vino	locale	vini	______
weiblich	pizza	grande	pizze	______

VERSTEHEN

Ergänzen Sie nun die folgenden Regeln.

- Im Italienischen gibt es zwei Gruppen von Adjektiven: Adjektive auf _____ / *-a* wie *caro*, *buono* und auf _____ wie *grande*, *locale*.
- Adjektive der Gruppe *-o* / *-a* haben insgesamt ☐ zwei Endungen ☐ vier Endungen : Im Singular die Endung *-o* für die männliche Form und _____ für die weibliche Form. Sie bilden den Plural auf _____ bzw. _____.
- Adjektive der Gruppe *-e* haben ☐ unterschiedliche Endungen ☐ dieselbe Endung für beide Geschlechter. Sie bilden den Plural auf _____.

! Um die Nationalität zu bezeichnen, wird im Italienischen ein Adjektiv verwendet. Auch für Nationalitätsadjektive gelten die oben beschriebenen Regeln.
Mario è un ragazzo italiano. – *Cristina è una ragazza italiana.*
Matthew è un ragazzo inglese. – *Laura è una ragazza inglese.*

ANWENDEN

1. **Wie ist die italienische Küche heute? Vervollständigen Sie den Text mit den Adjektiven in Klammern. Achten Sie auf die Endungen.**

La cucina (italiano) _____________ ha aspetti (regionale) _____________ e ogni provincia offre piatti (tradizionale) _____________. Tuttavia le abitudini degli italiani a tavola hanno oggi elementi (internazionale) _____________: in tutte le città esistono ristoranti (orientale) _____________ dove si mangiano cibi (cinese) ___________ e (coreano) _____________. Il sushi e la tempura, piatti (tipico) _____________ della cucina (giapponese) _____________, sono diventati una vera moda in Italia. Anche per un pranzo (veloce) _____________ a molti italiani piace andare nei ristoranti di fast food (famoso) _____________ in tutto il mondo dove si mangiano gli hamburger (americano) _____________.

! Farbadjektive verhalten sich in der Regel wie normale Adjektive.

il pomodoro rosso → *i pomodori rossi* *il pomodoro verde* → *i pomodori verdi*
la mela rossa → *le mele rosse* *la mela verde* → *le mele verdi*

Besonderheiten, die die Farbadjektive betreffen, werden im Kapitel 9 behandelt.

2. Lesen Sie Annas und Pedros Profile und kreuzen Sie das jeweils richtige Adjektiv an.

Anna è una ragazza ☐ giovane / ☐ giovani e ☐ simpatico / ☐ simpatica. Ha i capelli ☐ bionde / ☐ biondi e gli occhi ☐ grande / ☐ grandi e ☐ verde / ☐ verdi. Ha un fisico ☐ snelli / ☐ snello e ☐ atletico / ☐ atletica. Studia Sinologia perché ama la lingua ☐ cinesi / ☐ cinese. È una persona ☐ interessanti / ☐ interessante e ☐ curioso / ☐ curiosa. Ama uscire in locali ☐ elegante / ☐ eleganti, ma non troppo ☐ care / ☐ cari.

Pedro è ☐ spagnole / ☐ spagnolo, di Madrid e lavora per la redazione di un giornale ☐ locale / ☐ locali. È un ragazzo ☐ alta / ☐ alto e un po' ☐ grassa / ☐ grasso: ha gli occhi ☐ marrone / ☐ marroni e i capelli ☐ castono / ☐ castani. Ama i piatti ☐ italiani / ☐ italiane e la cucina ☐ tipico / ☐ tipica.

3. Was hat das Restaurant in Verona noch zu bieten? Ergänzen Sie den Text mit den Adjektivendungen.

Il nostro ristorante è un locale tranquill___ ed è perfett___ per una serata romantic___ o un'occasione special___. Il ristorante ha una sala grand___ e una sala piccol___ per festeggiare feste privat___. Prepariamo aperitivi alcolic___ e analcolic___, serviamo antipasti fredd___ o cald___ e prepariamo torte dolc___ o salat___. Abbiamo vini nazional___ e internazional___.

la ricetta	Rezept	curioso	neugierig
la provincia	Provinz	la redazione	Redaktion
tuttavia	allerdings	l'occasione *w*	Gelegenheit
l'abitudine *w*	Gewohnheit	festeggiare	feiern
a tavola	zu Tisch	servire	*hier:* servieren

9 Besonderheiten

Einige Adjektive weisen Besonderheiten in Laut und Schrift oder in der Angleichung mit dem Substantiv auf.

*Oggi metto la gonna grigi**o** scur**o** con il maglione ros**a**.*

START

Lesen Sie den Dialog und unterstreichen Sie die Adjektive.

◆ Marco, hai preparato la valigia?

○ Sì! Allora, porto un paio di pantaloni lunghi, le scarpe da ginnastica bianche, due magliette grigio scuro e due maglioni blu. Secondo me, a Firenze piove, quindi prendo anche la giacca beige.

◆ Ma no! Sicuramente c'è il sole nel fine settimana.

SEHEN

Sehen Sie sich jetzt die Tabellen an und ergänzen Sie die Lücken mit den Adjektiven, die Sie unterstrichen haben.

	Singular		Plural	
männlich	pantalone	lung**o**	pantaloni	______
weiblich	gonna	lung**a**	gonne	lung**he**

männlich	maglione	bian**co**	maglioni	bian**chi**
weiblich	scarpa	bian**ca**	scarpe	______

	Singular		Plural	
männlich	maglione	pratico	maglioni	pratici
weiblich	scarpa	pratica	scarpe	pratiche
männlich	maglione	**blu**	maglioni	________
weiblich	giacca	________	giacche	**beige**
männlich	maglione	grigio scuro	maglioni	grigio scuro
weiblich	maglietta	grigio scuro	magliette	________

VERSTEHEN

Ergänzen Sie nun die folgenden Regeln.

- Bei den Adjektiven auf *-go* / *-ga* wird ein ______ vor der Endung im Plural eingeschoben, um die Aussprache des *-g-* beizubehalten.
- Bei den Adjektiven auf *-co* / *-ca* wird ein ______ vor der Endung im Plural eingeschoben, wenn das Adjektiv auf der vorletzten Silbe betont ist, wie z. B. *bianco*.
- Bei den Adjektiven auf *-co* / *-ca*, die auf der drittletzten Silbe betont sind wie z. B. *pratico*, wird im Plural ein *-h-* nur vor der Endung ☐ der männlichen Form ☐ der weiblichen Form eingeschoben.
- Farbadjektive, die mit *chiaro* (*hell*) oder *scuro* (*dunkel*) zusammengesetzt sind, ☐ sind unveränderlich. ☐ werden in Geschlecht und Zahl angeglichen.
- Einige Farbadjektive, wie ______, ______, *rosa*, *lilla*, *viola* haben nur eine Form und ☐ sind unveränderlich. ☐ werden in Geschlecht und Zahl angeglichen.

! Alle andere Farbadjektive wie z. B. *rosso*, *giallo*, *verde*, *marrone* usw. verhalten sich nach den Regeln der Adjektive auf *-o* / *-a* bzw. auf *-e* (→ Kap. 8).

ANWENDEN

1. Ergänzen Sie den Text mit den Endungen der Farbadjektive.

Ogni stagione è bella per visitare Firenze: in inverno con la neve le strade sono bianc___ e il cielo è grigi___. In primavera è un'esplosione di colori: i prati sono verd___ chiaro con i fiori giall___ e ross___ e gli alberi ros___ o lill___; il cielo è limpido e azzurr___ con poche nuvole bianc___. In estate la sera il cielo è bl___ e il sole splende fino a tardi. In autunno le foglie sono arancion___ scuro, giall___, ross___ e beig___ e creano un'atmosfera speciale.

2. Kreuzen Sie das jeweils richtige Adjektiv an.

"Marco, vieni a vedere! I vestiti del negozio all'angolo sono stupendi: in vetrina hanno una gonna ☐ grigia chiara / ☐ grigio chiaro, un maglione ☐ rosa / ☐ roso e scarpe ☐ viola / ☐ viole molto originali. Hanno anche un bel paio di guanti ☐ bianci / ☐ bianchi di pelle e una sciarpa ☐ blu scura / ☐ blu scuro. Poi ho visto un paio di pantaloni ☐ lungi / ☐ lunghi bellissimi: sono molto ☐ pratichi / ☐ pratici, ma non sono per nulla ☐ economichi / ☐ economici. Costano 110 €! Sono entrata nel negozio e ho provato un paio di stivali, ma purtroppo sono troppo ☐ larghi / ☐ largi..."

la stagione	Jahreszeit	l'albero	Baum
la neve	Schnee	limpido	klar
l'esplosione *w*	Explosion	splendere	scheinen
il prato	Wiese	la foglia	Blatt
il fiore	Blume	l'angolo	Ecke

★ 10 *bello* und *buono*

Die Adjektive *bello* und *buono* können im Italienischen sowohl vor als auch nach dem Substantiv (oft in Verbindung mit *essere*) gebraucht werden.
*C'è una **bell'**atmosfera. L'atmosfera è **bella**.*

START

Lesen Sie die Forumsbeiträge und unterstreichen Sie mit zwei verschiedenen Farben die Formen von *bello* und *buono*.

Marta87	Ciao a tutti! Vorrei visitare una città: Bergamo o Verona?
Vera24	Verona! Puoi passeggiare tra le belle vie del centro dove si respira una bell'atmosfera. Ci sono negozi con bei vestiti e begli accessori a buon prezzo. Ti consiglio una buona pizzeria per passare una bella serata con una buon'amica. Si chiama "Al balcone" ed è vicino alla casa di Giulietta: il locale è bello con un arredamento moderno e raffinato, la cucina è buona e il cameriere è un bel ragazzo! Insomma, a Verona è tutto bello! 😃

SEHEN

Sehen Sie sich jetzt die Tabellen an und ergänzen Sie die Lücken mit den Formen von *bello* und *buono*, die Sie unterstrichen haben.

bello						
	Singular			Plural		
m	**il** ragazzo	→	______ ragazzo	**i** vestiti	→	______ vestiti
	l'albergo	→	**bell'**albergo	**gli** accessori	→	______ accessori
	lo stile	→	**bello** stile	**gli** stivali	→	**begli** stivali
w	**la** serata	→	______ serata	**le** vie	→	______ vie
	l'atmosfera	→	______ atmosfera	**le** amiche	→	**belle** amiche

buono				
	Singular			Plural
m	un prezzo	→	______ prezzo	buoni prezzi
	un amico	→	buon amico	buoni amici
	uno stile	→	buono stile	buoni stili
w	una pizzeria	→	______ pizzeria	buone pizzerie
	un'amica	→	______ amica	buone amiche

VERSTEHEN

Ergänzen Sie nun die folgenden Regeln.

- Steht das Adjektiv *bello* ☐ nach dem Substantiv ☐ vor dem Substantiv, so werden seine Formen analog zum bestimmten Artikel (*il*, *lo*, *la* usw.) gebildet.
- Steht das Adjektiv *buono* ☐ nach dem Substantiv ☐ vor dem Substantiv, verhält es sich im Singular wie der unbestimmte Artikel (*un*, *uno*, *una*, *un'*). Im Plural werden ausschließlich die Formen __________ und __________ verwendet.
- Stehen die Adjektive *bello* und *buono* ☐ nach dem Substantiv ☐ vor dem Substantiv, verhalten sie sich wie Adjektive auf *-o* / *-a* (→ Kap. 8) mit den Pluralendungen *-i*, *-e*.

! Bei der weiblichen Form von *buono* kann man sowohl die Kurzform *buon'* als auch die volle Form *buona* verwenden.
*una **buon'**amica* oder *una **buona** amica*

ANWENDEN

1. **Marta und ihre Freundin in Verona. Kreuzen Sie die jeweils richtige Option an.**

◆ Ci sono ☐ bei / ☐ begli palazzi d'epoca, tanti ☐ belli / ☐ bei negozi con ☐ belle / ☐ bella vetrine. Per esempio, guarda che ☐ belli / ☐ begli orecchini e che ☐ bello / ☐ bel maglione. È davvero ☐ bel / ☐ bello!

3. Fakten über Italien. Vervollständigen Sie die Sätze anhand der Angaben mit *più* / *meno... di* (wenn nötig mit Artikel) / *che* oder *come*. Wählen Sie für jeden Satz das jeweils passende Adjektiv aus.

Sicilia: 25.832.39 km²	Piemonte: 25.387.07 km²
Milano: 1.363.180 abitanti	Torino: 899.455 abitanti
Po: 652 km	Tevere: 405 km
Napoli-Reggio Calabria in treno: 10 ore	Napoli-Reggio Calabria in auto: 5 ore
Napoli: anno di fondazione 743 a. C.	Siracusa: anno di fondazione 743 a. C.
Torino: bilocale 522 € al mese	Napoli: bilocale 700 € al mese

caro | popoloso | antico | grande | lungo | veloce

a. Il Piemonte è ______________________________ Sicilia.

b. Milano è ______________________________ Torino.

c. Il Po è ______________________________ Tevere.

d. Andare a Reggio Calabria in treno ______________________________ in auto.

e. Siracusa è ______________________________ Napoli.

f. Vivere a Napoli è ______________________________ vivere a Torino.

la paura	Angst	attendibile	zuverlässig
ecologico	umweltfreundlich	inoltre	außerdem
rilassante	entspannend	lo schermo	Bildschirm
guidare	fahren, lenken	gli abitanti	Einwohner
attento	vorsichtig	l'anno di fondazione	Gründungsjahr
noioso	langweilig	a. C. (avanti Cristo)	v. Chr. (vor Christus)
l'enciclopedia	Enzyklopädie		
la casa editrice	Verlag	popoloso	dicht bevölkert
le notizie	Nachrichten		

★ 12 Steigerung – Superlativ

Die höchste Steigerungsform des Adjektivs ist der Superlativ. Im Italienischen wird zwischen dem relativen und dem absoluten Superlativ unterschieden. Der relative Superlativ *(der schönste Film, am schönsten)* drückt den höchsten Grad einer Eigenschaft aus und hebt etwas oder jemanden aus einer Gruppe von Dingen oder Personen hervor.
Der absolute Superlativ drückt einen sehr hohen Grad einer Eigenschaft aus. Im Deutschen wird er meist mit *sehr* wiedergegeben.
*È **il film più bello** del cinema italiano. È una storia **interessantissima.***

START

Lesen Sie die Forumsbeiträge und unterstreichen Sie die Superlativformen der Adjektive.

Arya92	Ragazzi, qual è il film italiano più bello?
LucaBG	Uhm, è una domanda molto difficile! Secondo me, *Nuovo Cinema Paradiso* è il film più commovente di Giuseppe Tornatore... *La grande bellezza* di Paolo Sorrentino ha sicuramente la storia più originale.
Dart1	Stai scherzando? Quel film di Sorrentino è noiosissimo!

SEHEN

Sehen Sie sich die Tabelle an und ergänzen Sie die Lücken mit den Angaben aus dem Text.

Relativer Superlativ	Qual è ______ film italiano ______ bello? ... è ______ film ______ commovente ______ Giuseppe Tornatore. *Il cimitero di Praga* è il libro **meno** interessante di Umberto Eco. *La grande bellezza* ha ______ storia ______ originale.
Absoluter Superlativ	____________________ / **molto** noioso difficil**issima** / ____________________

VERSTEHEN

Ergänzen Sie nun die folgenden Regeln.

- Der relative Superlativ wird mit ☐ dem unbestimmten Artikel ☐ dem bestimmten Artikel + Substantiv + ____ / *meno* + Adjektiv gebildet.
- Der absolute Superlativ setzt ☐ einen Vergleich ☐ keinen Vergleich voraus. Zur Bildung fügt man die Nachsilbe *-issimo* an den Stamm des Adjektivs an.
- Der absolute Superlativ wird auch gebildet, indem man *molto* ☐ vor ein Adjektiv ☐ nach ein Adjektiv setzt.

! Wie beim Komparativ (→ Kap. 11), so haben auch einige Adjektive zwei Formen für den Superlativ.

Adjektiv	Relativer Superlativ	Absoluter Superlativ
buono	*il più buono* / *il migliore*	*buonissimo* / *ottimo*
cattivo	*il più cattivo* / *il peggiore*	*cattivissimo* / *pessimo*

ANWENDEN

1. **Bringen Sie die Satzteile in die jeweils richtige Reihenfolge. Die Satzanfänge sind schon angegeben.**

a. è – *Il nome della rosa* – libro – Umberto Eco. – più – il – di – conosciuto

Il nome della rosa ____________________

b. Mina – cantante – d' – Italia. – più – la – famosa – è

Mina ____________________

c. *Il ragazzo invisibile* – film – il – divertente – meno – di – è – Gabriele Salvatores.

Il ragazzo invisibile ____________________

d. *Volare* – rappresentativa – musica – della – è – italiana. – la – più – canzone

Volare ____________________

2. **Lesen Sie folgende Kommentare zum Film *La grande bellezza* und bilden Sie die absolute Superlativform (*-issimo* / *-issima* / *-issimi* / *-issime*).**

Il tema del film è (interessante) ____________________. Gli attori sono (bravo) ____________________, Carlo Verdone ha un ruolo (divertente) ____________________.

La storia è (complicato) ____________________ (non ho capito nulla!), ma le musiche del film sono (bello) ____________________.

Il film è (lento) ____________________, i protagonisti sono (banale) ____________________ e la storia è (pesante) ____________________.

3. **Ergänzen Sie den Text zum italienischen Kino mit den fehlenden Angaben.**

bellissimi | più divertente | famosissime | lunghissima | molto ironica | importantissimo | più famoso

Il cinema italiano ha una tradizione ____________________ che risale al 1890. Un periodo ____________________ è il Neorealismo (1945–1951). Il regista ____________________ in Italia e nel mondo è forse Federico Fellini che ha girato molti film ____________________ come *La dolce vita*. La commedia all'italiana è il genere ____________________ del cinema: *Amici miei* è, ad esempio, una storia ____________________. Il cinema italiano ha anche attrici ____________________ come Monica Bellucci e Giovanna Mezzogiorno.

commovente	rührend, ergreifend
scherzare	Witze machen
il cimitero	Friedhof
invisibile	unsichtbar
rappresentativo	(stell)vertretend
il ruolo	Rolle
il/la protagonista	Hauptdarsteller/in
pesante	schwer(fällig)
risalire	auf etwas zurückgehen
il/la regista	Regisseur/in
girare	*hier:* drehen
il genere	Genre

13 Formen des Adverbs

Adverbien sind Wörter, die Verben, Adjektive, ganze Sätze oder andere Adverbien näher bestimmen. Adverbien sind grundsätzlich unveränderlich. Im Italienischen gibt es Adverbien, die von Adjektiven abgeleitet werden, und ursprüngliche Adverbien, die von keinem anderen Wort abgeleitet werden können.

***Purtroppo** il tempo passa **velocemente**.*

***Domani** andiamo a Salerno.*

START

Lesen Sie die Postkarte und unterstreichen Sie mit zwei verschiedenen Farben die abgeleiteten Adverbien auf *-mente* und die ursprünglichen Adverbien.

Ciao Marta,

qui a Napoli va tutto bene. La città è particolarmente bella e il corso mi piace: i miei colleghi sono veramente simpatici. Esco frequentemente con loro e mi diverto molto! Domani andiamo a Salerno per il picnic di Pasquetta.

Purtroppo il tempo passa velocemente e fra pochi giorni torno a casa.

Ci vediamo presto!

Lara

SEHEN

Sehen Sie sich jetzt die Tabelle an und ergänzen Sie die Lücken mit den Adverbien, die Sie unterstrichen haben.

Adjektiv	Adverb
lento →	lent**amente**
vero →	______
frequente →	______
veloce →	______

Adjektiv	Adverb
particolare →	______
finale →	final**mente**
buono →	______
cattivo →	male

13 Formen des Adverbs

VERSTEHEN

Ergänzen Sie nun die folgenden Regeln.

- Bei Adjektiven auf *-o* werden Adverbien von der ☐ weiblichen Form ☐ männlichen Form abgeleitet und das Suffix ________ wird angehängt.
- Bei Adjektiven auf *-e* wird das Suffix ________ angehängt.
- Adjektive auf *-le* oder *-re* ☐ behalten das *-e* der Endung ☐ verlieren das *-e* der Endung und das Suffix ________ wird angehängt.
- Adverbien wie *qui*, *molto*, *domani*, *purtroppo*, *presto* usw. sind ursprüngliche Adverbien und lassen sich von keinem anderen Wort ableiten.

! Das Adverb steht generell unmittelbar bei dem Satzteil, auf den es sich bezieht, d. h. vor einem Adjektiv, vor einem anderen Adverb oder vor dem Satz, aber nach dem konjugierten Verb.

- Adverb + Adjektiv: *I miei compagni di corso sono* ***veramente*** *simpatici.*
- Adverb + Adverb: *Il tempo passa* ***così*** *velocemente!*
- Adverb + Satz: ***Purtroppo*** *le vacanze sono finite.*
- Verb + Adverb: *Per favore, ascoltate* ***attentamente****.*

ANWENDEN

1. Wandeln Sie die Adjektive in Adverbien um.

lento → ____________________	regolare → ____________________
normale → ____________________	raro → ____________________
attuale → ____________________	dolce → ____________________

2. Übersetzen Sie die Adverbien in Klammern mithilfe der Übung 1.

(Derzeit) ________________ Lara vive a Napoli per un corso di aggiornamento. Frequenta (regelmäßig) ________________ il seminario, si trova molto bene e (langsam) ________________ inizia ad amare questa città. (Normalerweise) ________________ dopo il lavoro va in città per un aperitivo, ma (selten) ________________ torna a casa dopo le 22.

3. **Wie verbringt man den Ostermontag in Italien? Wandeln Sie die Adjektive in Klammern in Adverbien um und vervollständigen Sie den Text.**

Pasquetta, o più (preciso) ________________ Lunedì dell'Angelo, è il giorno dopo Pasqua. (Tradizionale) ________________ gli italiani festeggiano la Pasquetta con un picnic: questa abitudine non è nuova, (probabile) ________________ ha un'origine religiosa. A Pasquetta (generale) ________________ il tempo è bello e (difficile) ________________ piove. (Tipico) ________________ gli italiani mangiano i resti del giorno precedente: insalate, torte salate e (naturale) ________________ le uova.

purtroppo	leider	festeggiare	feiern
particolarmente	besonders	l'abitudine *w*	Gewohnheit
frequentemente	häufig	probabile	wahrscheinlich
attuale	derzeitig, jetzig	i resti	die Reste
il corso di aggiornamento	Fortbildungskurs	il giorno precedente	Vortag
		la torta salata	herzhafte Torte

★ 14 Adverb oder Adjektiv?

Adjektive beziehen sich auf Substantive. Adverbien dienen hingegen dazu, ganze Sätze, Verben, Adjektive oder auch andere Adverbien näher zu bestimmen.

*L'Intercity è un treno **veloce**.*

*Arrivo **velocemente** in centro.*

Anders als im Deutschen haben im Italienischen die Adverbien andere Formen als die Adjektive.

*Cristina parla **perfettamente** l'inglese.* (Lara spricht *perfekt* Englisch. = Adverb)

*Il suo inglese è **perfetto**.* (Ihr Englisch ist *perfekt*. = Adjektiv)

14 Adverb oder Adjektiv?

START

Lesen Sie die E-Mail und unterstreichen Sie mit zwei verschiedenen Farben die Adverbien und die Adjektive wie in den Beispielen.

Ciao Luisa,
a Palermo mi trovo bene. La città è culturalmente vivace, con molti teatri, locali moderni e posti artisticamente interessanti. L'appartamento è in una zona tranquilla, ma arrivo velocemente in centro. L'affitto non è molto caro. Non pago molto, solo 350 € al mese. La connessione è veloce. La mia coinquilina Cristina cucina bene e prepara sempre molte specialità: la sua pasta alla Norma è veramente buona. Un abbraccio,
Clara

SEHEN

Sehen Sie sich jetzt diese Tabelle an. Ergänzen Sie die Lücken mit den fehlenden Adjektiven und Adverbien aus dem Text.

Adjektiv	Adverb
L'appartamento è in una zona ______.	Studio tranquillamente nella mia stanza.
La connessione è ______.	Arrivo ______ in centro.
La città è culturalmente ______.	Marta e Luca discutono vivacemente.
L'offerta culturale della città è buona.	La città è ______ vivace.
Non pago molti soldi per l'affitto. L'affitto non è molto ______.	Non pago ______. L'affitto non è ______ caro.
Prepara molte specialità.	Cucina molto.
La pasta alla Norma è ______.	Cristina cucina ______.

VERSTEHEN

Ergänzen Sie nun die folgenden Regeln.

- Adjektive ☐ bleiben unveränderlich. ☐ richten sich in Zahl und Geschlecht nach den Substantiven.
- Adverbien ☐ bleiben unveränderlich. ☐ richten sich in Zahl und Geschlecht nach den Substantiven.
- Adverbien beziehen sich nie auf ☐ Verben. ☐ Adjektive. ☐ Substantive.

ANWENDEN

1. **Lesen Sie den Dialog zwischen Clara und ihrer Mitbewohnerin Cristina und kreuzen Sie die jeweils richtige Option an.**

◆ Clara, hai una pronuncia ☐ perfetta / ☐ perfettamente e parli ☐ buono / ☐ bene anche il francese. Per me, invece, è ☐ difficile / ☐ difficilmente parlare l'inglese. Sono ☐ lenta / ☐ lentamente e dimentico il lessico e la grammatica ☐ veloce / ☐ velocemente.

○ Fai un corso d'inglese al centro linguistico dell'università! ☐ Attuale / ☐ Attualmente offrono corsi ☐ intensivi / ☐ intensivamente. Puoi mandare un'email ☐ breve / ☐ brevemente alla professoressa Mori e chiedere informazioni ☐ precise / ☐ precisamente. ☐ Naturale / ☐ Naturalmente devi lavorare un po' anche tu a casa, devi fare i compiti ☐ regolari / ☐ regolarmente e ripetere i vocaboli.

2. **Ergänzen Sie mit den richtigen Endungen.**

"Le lezioni all'università sono difficil________ e devo studiare intens________ perché ogni semestre ci sono gli esami. Dopo l'università sono natural________ stanca e la sera vado a dormire presto. Fortunat________ la mia camera è silenzios________, così posso dormire tranquill________. Normal________ il fine settimana resto comod______ a guardare una serie TV o esco con le mie coinquiline: ci piace mangiare nei ristoranti tipic________ del centro o andare in locali elegant________."

3. **Ergänzen Sie mit *buono* / *bene*, *cattivo* / *male*. Achten Sie auf die Angleichung des Adjektivs mit dem Substantiv.**

Lucia ha una __________ abitudine: non lava mai piatti oppure li lava __________! Il suo comportamento in casa non è assolutamente __________ e positivo: è sempre di __________ umore e risponde __________ la mattina presto (probabilmente non dorme __________ la notte!). Al contrario Cristina è una __________ coinquilina: è sempre di __________ umore, le piace fare festa e ballare. In casa si comporta sempre __________: pulisce, passa l'aspirapolvere, cucina __________. Lucia, invece, cucina __________ e non sa fare nulla: anche il suo caffè è __________!

vivace	lebendig, lebhaft	dimenticare	vergessen
artisticamente	künstlerisch	il centro linguistico	Sprachenzentrum
l'affitto	Miete	l'abitudine *w*	Gewohnheit
la connessione	*hier:* Internet-Verbindung	il comportamento	Verhalten
il/la coinquilino/-a	Mitbewohner/in	l'umore *m*	Laune
la pronuncia	Aussprache	comportarsi	sich verhalten

★ 15 Steigerung

Wie Adjektive (→ Kap. 11–12), so bilden auch Adverbien einen Komparativ *(langsamer, weniger langsam)*, einen relativen Superlativ *(am langsamsten)* sowie einen absoluten Superlativ *(sehr langsam)*.

*Lavora **meno precisamente** di me.*
*Si comporta **meno seriamente** di tutti.*
*Arriva sempre **tardissimo** al lavoro.*

START

Lesen Sie den Nachrichtenaustausch und unterstreichen Sie mit zwei verschiedenen Farben die Komparativ- und Superlativformen.

Vanessa	La mia collega Carla arriva sempre tardissimo al lavoro oppure resta a casa...
Cate	Perché?
Vanessa	Dice che lavora più tranquillamente a casa che in ufficio...
Cate	
Vanessa	...parla l'inglese malissimo e lavora meno precisamente di me. Ma in azienda guadagna più di tutti...

SEHEN

Sehen Sie sich jetzt die Tabellen an und ergänzen Sie die Lücken mit den fehlenden Angaben aus dem Nachrichtenaustausch.

Komparativ				
Lavora	_____	precisamente	_____	me.
Parlo l'inglese	**più**	correttamente	**della**	mia collega.
Lavora	_____	tranquillamente a casa	_____	in ufficio.
Oggi si sta	**meglio**	fuori	**che**	dentro.

Relativer Superlativ				
Si comporta	**meno**	seriamente	**di**	tutti.
Guadagna	_____		_____	_________.

Absoluter Superlativ	
Arriva in ufficio	____________ / **molto** tardi.
Parla l'inglese	____________ / **molto** male.
Scrive al computer	lentissim**amente** / **molto** lentamente.

VERSTEHEN

Ergänzen Sie nun die folgenden Regeln.

- Der Komparativ wird mit ______ / ______ + Adverb gebildet. Für das deutsche „als“ gibt es im Italienischen zwei Möglichkeiten: *di* und *che*.
- Vor einem Eigennamen, einem Substantiv und einem Pronomen steht ☐ *di*. ☐ *che*.
- Vor einem Ausdruck mit Präposition und einem Adverb steht ☐ *di*. ☐ *che*.
- Der relative Superlativ wird mit ______ / ______ + Adverb + ______ + *tutti* gebildet.
- Der absolute Superlativ wird wie folgt gebildet:
  a) bei ursprünglichen Adverbien wie *tardi* wird ________ an dem Stamm angehängt → *tard/* + *issimo* → *tardissimo*;
  b) bei Adverbien auf *-mente* wird *-issima* ☐ nach der Endung *-mente* ☐ vor der Endung *-mente* angehängt.

! Auch bei der Steigerung der Adverbien gibt es ein paar unregelmäßige Formen.

Adverb	Komparativ	Absoluter Superlativ
bene	*meglio*	*benissimo* / *molto bene*
male	*peggio*	*malissimo* / *molto male*
molto	*più*	*moltissimo*

ANWENDEN

1. **Lesen Sie Carlas Meinung und kreuzen Sie die jeweils richtige Option an.**
“Rimango più volentieri a casa ☐ di / ☐ che in ufficio perché i miei colleghi sono terribili: Laura agisce più istintivamente ☐ di / ☐ che razionalmente. Gianna lavora meno precisamente ☐ di / ☐ che me e parla il francese meno correttamente ☐ di / ☐ che Lucia... Vito è sempre dal medico perché si ammala più spesso ☐ di / ☐ che me. Marco arriva più tardi ☐ dei / ☐ che i colleghi del suo team e Chiara lavora più lentamente ☐ di / ☐ che efficientemente.”

2. **Carla übertreibt gerne. Bilden Sie die absolute Superlativform der Adverbien.**
"La mattina mi sveglio (presto) ________________, mi preparo (velocemente) ________________ e vado al lavoro. A pranzo mangio (poco) ________________: una mela o uno yogurt. Alle 17.30 vado (rapidamente) ________________ in palestra: mi piace (molto) ________________ fare sport. Il fine settimana (raramente) ________________ esco con le mie colleghe, (spesso) ________________ vado al cinema con amici oppure li invito a cena perché cucino (bene) ________________."

3. **Vanessa sagt Carla ihre Meinung. Übersetzen Sie die Komparativ- und Superlativformen in Klammern.**

◆ Vanessa, che bel maglioncino! Ti sta (sehr gut) ________________. Devo dire che ti vesti (am elegantesten) ________________ di tutte noi.

○ Grazie, Carla. Ascolta, devo dirti un paio di cose spiacevoli. Abbiamo notato che arrivi in ufficio sempre (sehr spät) ________________ e che lavori (langsamer) ________________ di tutti noi. Forse potresti iniziare prima, magari verso le 8.30. Inoltre abbiamo deciso di organizzare corsi di lingua straniera qui in azienda perché i clienti si sono lamentati che alcuni colleghi non sanno l'inglese.

◆ A me non sembra di parlarlo (sehr schlecht) ________________ ...

○ Non volevo dire questo... Però, frequentando delle lezioni, potremmo imparare tutti a scrivere e parlare (besser) ________________.

comportarsi	sich verhalten	ammalarsi	krank werden
seriamente	ernst	efficientemente	effizient
guadagnare	verdienen	il maglioncino	dünne Weste
terribile	schrecklich	spiacevole	unangenehm
agire *(-isc-)*	*hier:* handeln	notare	bemerken
istintivamente	instinktiv	l'azienda	Firma
razionalmente	vernünftig	lamentarsi	sich beschweren

16 Präpositionen des Ortes

Die Präpositionen des Ortes beschreiben lokale (örtliche) Verhältnisse und beantworten die Fragen „wo?“, „woher?“, „wohin?“.

*Luca lavora **a** Milano, ma viene **da** Torino. Il prossimo mese va **a** Roma con Laura.*

Anders als im Deutschen unterscheidet das Italienische in der Wahl der Präpositionen nicht zwischen Orts- („wo?“) und Richtungsangabe („wohin?“).
*Lavoro **a** Monaco di Baviera.* (Ich arbeite in München.)
*Vado **a** Monaco di Baviera.* (Ich fahre nach München.)

START

Lesen Sie den Dialog und unterstreichen Sie die Ortspräpositionen.

- ◆ Quest'estate io e Luca andiamo in Puglia.
- o Ah sì, dove?
- ◆ A Lecce. Dormiamo da Agnese, mia cognata. E voi?
- o Io vorrei fare un viaggio in Australia, ma Giovanni preferisce rimanere in Italia.
- ◆ E vostro figlio?
- o Marco torna domani da New York con Laura.

SEHEN

Sehen Sie sich jetzt die Tabellen an und ergänzen Sie die Lücken mit den Präpositionen, die Sie unterstrichen haben.

Orts- und Richtungsangaben	Io e Luca andiamo ______ Puglia. Giovanni preferisce rimanere ______ Italia. Vorrei fare un viaggio ______ Australia.
	Andiamo ______ Lecce. Forse facciamo le vacanze **a** Ischia.
	Dormiamo ______ Agnese. Stasera ceniamo **da** lei.

Herkunftsangaben	Marco torna domani ______ New York. Raffaele viene **da** Milano. Il treno **da** Roma è in ritardo.

VERSTEHEN

Ergänzen Sie nun die folgenden Regeln.

- Bei Orts- und Richtungsangaben benutzt man bei Kontinenten, Ländernamen und Regionen die Präposition ______.
- Bei Orts- und Richtungsangaben benutzt man bei Städten und kleinen Inseln die Präposition ______.
- Bei Orts- und Richtungsangaben wird die Präposition *da* in Verbindung mit ☐ Kontinenten ☐ Regionen ☐ Personen verwendet.
- Bei Herkunftsangaben wird die Präposition ______ verwendet.

! Bei der Herkunftsangabe wird die Präposition *di* in Verbindung mit *essere* benutzt. Die Präposition *da* wird dagegen mit *venire* verwendet: *Sono **di** Roma. Vengo **da** Roma.*

ANWENDEN

1. **Ab in den Urlaub! Tragen Sie die Wörter in die jeweils passende Spalte ein.**

Giorgio | Parigi | Asia | Luisa | mia nonna | Capri | Sardegna | Portogallo | America | Barcellona | Liguria | Palermo | mio zio | Firenze | lui

L'estate prossima vado in vacanza…

in	a	da
______	______	______
______	______	______
______	______	______
______	______	______
______	______	______

2. Kreuzen Sie die jeweils richtige Präposition an.

Laura è ☐ da / ☐ di New York, ma ora vive ☐ a / ☐ in Torino ☐ in / ☐ di Piemonte. Anche lei, come Marco, lavora ☐ a / ☐ in Milano e per lavoro viaggia molto ☐ a / ☐ in Europa.
Una volta all'anno lei e il suo ragazzo Marco vanno ☐ in / ☐ a America. A volte vanno ☐ da / ☐ a sua madre a Washington e dormono ☐ da / ☐ per lei. Anche adesso sono ☐ in / ☐ a America. Domani tornano ☐ di / ☐ da New York e poi lunedì vanno ☐ a / ☐ in Vienna.

3. Vervollständigen Sie den Dialog mit der jeweils richtigen Präposition.

- ○ Ciao, Sarah! Come stai?
- ◆ Ciao, Laura! Tutto bene, grazie. Sono ancora ____ Irlanda ____ Dublino, ma domenica arrivo ____ Milano.
- ○ Davvero? Allora quando arrivi ____ Milano, passa ____ me. In questi giorni torna anche Marina ____ Istanbul. Lei abita ____ Turchia da quattro anni, ma per Natale ritorna sempre ____ Italia.
- ◆ Ottima idea!

! Bei Ortsbezeichnungen, die auf *-ia* oder *-teca* enden, wird die Präposition *in* benutzt.
*Ora sono **in** pizzeria. Dopo vado **in** discoteca.*
Bei anderen Orts- und Richtungsangaben verwendet man die Präposition *a* (mit oder ohne Artikel) oder die Präposition *in*. Hierfür gibt es keine fixen Regeln. Lernen Sie am besten nach und nach diese Ausdrücke mit.
a: ***a** teatro, **a** casa, **a** scuola, **a** letto*;
a + Artikel: ***al** mare, **al** cinema, **al** ristorante, **al** bar, **al** supermercato*;
in: ***in** ufficio, **in** centro, **in** città*.

il/la cognato/-a	Schwager/Schwägerin	il ritardo	Verspätung

17 Präpositionen der Zeit

Die Präpositionen der Zeit beschreiben temporale (zeitliche) Verhältnisse und können einen Zeitraum, eine Zeitdauer bzw. einen Zeitpunkt angeben.

*Lavoro qui **da** due settimane.*
*Domani mia sorella viene a trovarmi e resta **per** alcuni giorni.*
*Sono venuto in Italia tre anni **fa**.*

START

Lesen Sie den Dialog und markieren Sie die Präpositionen der Zeit.

- ◆ Anche tu lavori qui?
- o Sì, da due settimane. E tu?
- ◆ Ho cominciato a lavorare qui due anni fa, ma oggi è l'ultimo giorno.
- o E poi che cosa fai?
- ◆ Fra una settimana vado a Venezia per la Biennale e resto lì per dieci giorni. Poi da giugno a settembre viaggio in Europa.
- o Allora, buon viaggio!

SEHEN

Sehen Sie sich jetzt die Tabelle an und ergänzen Sie die Lücken mit den Präpositionen, die Sie unterstrichen haben.

Zeitraum	Lavoro qui _____ due settimane. _____ giugno _____ settembre viaggio in Europa. _____ una settimana vado a Venezia.
Zeitdauer	Resto lì _____ dieci giorni.
Zeitpunkt	Ho cominciato a lavorare qui due anni _____.

VERSTEHEN

Ergänzen Sie nun die folgenden Regeln.

- Um einen bestimmten Zeitraum mit genauem Anfang und Ende anzugeben, werden die Präpositionen _____ ... _____ verwendet.
- Bei einem Zeitraum, der in der Vergangenheit begonnen hat und bis zur Gegenwart andauert, wird die Präposition _____ benutzt.
- Um die Zeitdauer einer Handlung anzugeben, wird die Präposition _____ verwendet.
- Das Adverb *fa* wird immer ☐ vorgestellt ☐ nachgestellt und gibt einen Zeitpunkt in der Vergangenheit an.
- Mit der Präposition *fra* / *tra* wird ein Zeitraum angegeben, nach dessen Ablauf sich etwas ereignen wird. Demnach drückt *fra* / *tra* einen Bezug ☐ zur Vergangenheit ☐ zur Zukunft aus.

! Um einen Zeitpunkt mit den Monatsnamen anzugeben, werden die Präpositionen *in* oder *a* benutzt. Mit den Jahreszeiten wird die Präposition *in* verwendet.
***In** estate fa troppo caldo, quindi Cristina va in vacanza **a** / **in** maggio.*

ANWENDEN

1. **Seit wann ist José in Italien? Ergänzen Sie mit der jeweils richtigen Präposition.**

fra da da da per a fa fa fa

José vive in Italia _____ tre anni. È arrivato qui tre anni _____ come studente e poi ha deciso di rimanere. All'inizio ha vissuto _____ alcuni mesi a Perugia, poi ha cambiato città e _____ due anni è insegnante di spagnolo a Siena: lavora _____ settembre _____ giugno e poi ha due mesi di ferie. Due anni _____ ha conosciuto Luisa e da allora sono una coppia. Sei mesi _____ sono andati a vivere insieme e _____ un anno si sposano!

2. Davide sucht im Internet nach Informationen über die Biennale von Venedig. Kreuzen Sie die jeweils richtige Präposition an.

La Biennale di Venezia è un'esposizione d'arte che esiste ☐ da / ☐ per tanti anni. La prima edizione è stata 122 anni ☐ fra / ☐ fa, nel 1895. ☐ Da / ☐ Per quel giorno questo evento si ripete regolarmente: quest'anno la Biennale è aperta ☐ per / ☐ fra 7 mesi ☐ da / ☐ a maggio ☐ da / ☐ a novembre. L'ultimo giorno per visitare l'esposizione è domenica 27 novembre. La prossima edizione della Biennale è ☐ fra / ☐ fa due anni.

! Jahreszahlen werden mit der Präposition *nel* (*in* + Artikel) angeschlossen.
*La prossima edizione è **nel** 2019.*

3. Ergänzen Sie den Text mit der jeweils richtigen Präposition.

◆ Ciao, Paolo. Sono Davide. Sono a Venezia ____ qualche giorno.

○ Ciao, Davide! Che sorpresa! Quando sei arrivato?

◆ Sono arrivato due giorni ____ e parto ____ una settimana. Ci vediamo per un caffè?

○ Volentieri! Oggi però non ho tempo perché ____ un'ora ho un appuntamento importante. Sai, ____ due settimane lavoro al *Teatro La Fenice*.

○ Davvero?

◆ Sì, mi sono licenziato un anno ____ dal posto in banca. Poi ____ dicembre ____ giugno ho fatto un corso di formazione e due mesi ____ ho trovato un lavoro a teatro.

cambiare città	in eine andere Stadt ziehen	l'edizione *w*	*hier:* Veranstaltung
la coppia	Paar	ripetersi	sich wiederholen
sposarsi	heiraten	regolarmente	regelmäßig
l'esposizione d'arte *w*	Kunstausstellung	la sorpresa	Überraschung
		licenziarsi	kündigen
		il corso di formazione	Fortbildungskurs

18 Weitere Präpositionen

Präpositionen können verschiedenen Funktionen übernehmen und unterschiedliche Bedeutungen haben. Sie können z. B. Angaben zur Menge, zum Zweck oder zum Material ausdrücken.

*Vorrei un etto **di** prosciutto crudo, per favore.*
*Questa lampada **da** tavolo è carissima!*
*Questo maglione **di** lana mi sta un po' stretto.*

START

Lesen Sie die Werbung eines Einkaufszentrums und unterstreichen Sie die Präpositionen.

CENTRO COMMERCIALE *IL TEMPO*

Qui trovi tutto per la casa e per la famiglia:

Abbigliamento:	magliette di cotone	15 €
	maglioni di lana	50 €
Arredamento:	camera da letto	2300 €
	lampada da tavolo	35 €
Alimentari:	un pacco di pasta	1 €
	un chilo di mele	2 €

Visita *Il Tempo* con la famiglia o con gli amici per passare una giornata diversa!
In treno o in autobus: Fermata "Rovato"

SEHEN

Sehen Sie sich jetzt die Tabelle an und ergänzen Sie die Lücken mit den fehlenden Präpositionen aus der Werbung.

Material, Menge	magliette ____ cotone, maglioni ____ lana
	un chilo ____ mele, un pacco ____ pasta
Zweck, Funktion, nähere Bestimmung	lampada ____ tavolo, camera ____ letto
Begleitung	Vieni ____ la famiglia o ____ gli amici.
Verkehrsmittel	____ treno o ____ autobus Vado in Italia **in** aereo. **Aber:** Vado a scuola **a** piedi.
Zweck, Ziel	Visita il centro commerciale ____ passare una giornata diversa. Imparo l'italiano **per** parlare con gli amici di Roma.
	Trovi tutto ____ la casa e ____ la famiglia.

VERSTEHEN

Ergänzen Sie nun die folgenden Regeln.

- Bei Angaben über die Beschaffenheit und das Material von Dingen verwendet man die Präposition ______.
- Bei Mengenangaben verwendet man die Präposition ______.
- Zur Angabe von Verkehrsmitteln verwendet man die Präposition ______.
- Zur Angabe der Begleitung verwendet man ☐ die Präposition *di*. ☐ die Präposition *con*.
- Bei Angaben des Zwecks mit der Bedeutung von *um ... zu* verwendet man die Präposition *per* ☐ in Verbindung mit dem Infinitiv. ☐ in Verbindung mit dem konjugierten Verb. Die Präposition *per* gibt auch die Bedeutung *für* wieder.

Weitere Präpositionen

ANWENDEN

1. **Die Präposition *da* bestimmt den Zweck eines Gegenstandes, bzw. wozu der Gegenstand bestimmt ist. Fügen Sie die Wortteile mit der Präposition *da* mithilfe der Definitionen zusammen. Ein Beispiel ist vorgegeben.**

~~camera~~ bagno

occhiali scarpe visita denti

DA

costume biglietto sole trekking

spazzolino ~~letto~~

Esempio: Stanza per dormire: camera da letto

a. Vestito per fare il bagno al mare / in piscina: ______________

b. Tipo di scarpe per andare in montagna: ______________

c. Oggetto per proteggere gli occhi dal sole: ______________

d. Carta con dati personali per presentarsi: ______________

e. Oggetto per lavare i denti: ______________

2. **Was muss Daniela im Einkaufszentrum kaufen? Kreuzen Sie die jeweils richtige Präposition an.**

"Devo andare al centro commerciale *Il Tempo* □ per / □ di fare la spesa. Il frigorifero è vuoto e devo comprare un chilo □ da / □ di carne, due pacchi □ di / □ con pasta e tre litri □ da / □ di latte. Per i miei bambini devo prendere due maglioni □ di / □ da lana e due camicie □ a / □ di cotone. Vorrei comprare anche un tavolo □ da / □ di legno per la cucina e quattro sedie □ per / □ di plastica o □ di / □ da metallo. Vado □ con / □ da mio marito. Naturalmente non andiamo □ per / □ in treno, ma □ su / □ in macchina perché è più comodo."

3. **Was packt Raffaella für ihren Urlaub ein? Ergänzen Sie mit der jeweils richtigen Präposition (*con*, *in*, *da*, *per*).**

"Domani vado a Nizza ____ Franco, Roberta e Carlo. Ci andiamo ____ macchina, perché il viaggio ____ aereo costa molto. Devo preparare la borsa ____ viaggio, ma non prendo molte cose: metto in valigia gli occhiali ____ sole (____ proteggere gli occhi); porto due o tre magliette ____ cotone perché fa caldo e prendo un abito ____ sera elegante ____ uscire ____ gli amici. Di giorno visitiamo la città, quindi porto un paio di scarpe ____ ginnastica comode. Prendo anche il costume ____ bagno e naturalmente lo spazzolino ____ denti! Ah, metto in valigia anche un pacco ____ pasta e un vasetto ____ sugo di pomodoro... ____ i casi di emergenza!"

la lampada da tavolo	Tischlampe	il frigorifero	Kühlschrank
la lana	Wolle	vuoto	leer
il cotone	Baumwolle	il vasetto	Glas
il pacco	*hier:* Packung	il sugo	Soße
la fermata	Haltestelle	il caso di emergenza	Notfall
proteggere	schützen		

★ 19 Verben mit Präpositionen

Wie im Deutschen, können einige Verben im Italienischen nicht nur mit einem Objekt, sondern auch mit einem Verb in der Infinitivform ergänzt werden. Einige Verben oder Ausdrücke schließen den Infinitiv mit einer Präposition an. Bei anderen Verben und Ausdrücken steht der Infinitiv ohne Präposition.
*Non ho voglia **di** uscire stasera. Preferisco restare a casa.*

START

Lesen Sie den Dialog und unterstreichen Sie mit verschiedenen Farben die Präpositionen, die das konjugierte Verb mit dem Infinitiv verbinden.

- ◆ Hai voglia di venire al cinema stasera?
- ○ No, guarda, devo fare ancora tante cose. Finisco di lavorare alle 18 e poi vado in palestra perché ho cominciato a frequentare un corso di fitness. Finalmente ho deciso di fare un po' di sport per mantenermi in forma.
- ◆ Dai, Mattia, andiamo a bere un aperitivo! Non torniamo tardi.
- ○ Mi dispiace, dopo la palestra preferisco restare a casa.

Verben mit Präpositionen

SEHEN

Sehen Sie sich jetzt die Tabelle an und ergänzen Sie die Lücken mit den fehlenden Präpositionen aus dem Dialog.

Verben mit Präposition	Hai voglia _____ venire al cinema? Finisco _____ lavorare alle 18. Ho deciso _____ fare un po' di sport.
	Ho cominciato _____ frequentare un corso di fitness. Andiamo _____ bere un aperitivo! Non riesco **a** concentrarmi.
Verben ohne Präposition	Preferisco restare a casa. Devo fare tante cose. Mi piace uscire la sera. È importante mantenersi in forma.

VERSTEHEN

Ergänzen Sie nun die folgenden Regeln.

- Nach den Verben bzw. Ausdrücken wie *avere voglia*, *cercare*, *decidere*, *finire*, *smettere*, *terminare* steht der Infinitiv mit der Präposition ______.
- Nach den Verben *andare*, *cominciare*, *continuare*, *imparare*, *iniziare*, *provare*, *riuscire* steht der Infinitiv mit der Präposition ______.
- Nach den Modalverben (*dovere*, *potere*, *volere*), nach den Verben *piacere*, *preferire* und bei Ausdrücken mit *essere* + Adjektiv steht der Infinitiv
  ☐ mit Präposition. ☐ ohne Präposition.

ANWENDEN

1. **Kreuzen Sie die jeweils richtige Option an.**

Mattia racconta:

"Ho deciso ☐ di / ☐ a / ☐ – cambiare lavoro perché non mi piace ☐ di / ☐ a / ☐ – stare in ufficio tutto il giorno. Secondo me, è importante ☐ di / ☐ a / ☐ – fare nuove esperienze e conoscere il mondo. Ho voglia

☐ di / ☐ a / ☐ – viaggiare e lavorare in un altro Paese. Così ho cominciato ☐ di / ☐ a / ☐ – frequentare un corso di spagnolo e continuo ☐ di / ☐ a / ☐ – praticare l'inglese con una mia amica di Liverpool. Forse vado ☐ di / ☐ a / ☐ – vivere in Sudamerica oppure provo ☐ di / ☐ a / ☐ – aprire un blog di viaggi e divento un influencer. Nella vita non si finisce mai ☐ di / ☐ a / ☐ – imparare!"

2. Der Vater von Mattia erzählt, wie er seine Frau kennengelernt hat. Ergänzen Sie, wo notwendig, mit der richtigen Präposition (*di* oder *a*).

"Da ragazzo non avevo voglia ____ studiare e ho smesso ____ andare all'università dopo pochi esami. Ho provato ____ cercare lavoro, ma in quegli anni non era facile ____ trovare un posto fisso. Così ho deciso ____ fare un'esperienza all'estero e sono andato ____ studiare l'inglese a Londra. All'inizio è stato difficile ____ vivere lì perché dovevo ____ fare tutto da solo. Lentamente ho cominciato ____ diventare indipendente e ho imparato ____ cucinare. Poi ho conosciuto tua madre e ho iniziato ____ uscire con lei. Dopo un anno abbiamo deciso ____ sposarci."

3. Vervollständigen Sie den Text mit den passenden Verben mit Präposition.

di scrivere | a cucinare | di cambiare | di praticare | a mantenere | a seguire | a fare | a correre | di fumare | a frequentare | di condurre

All'inizio dell'anno Mattia ha deciso ______________ le sue abitudini e ______________ una vita più sana: ha smesso ______________, ha iniziato ______________ nel parco vicino a casa, ha cercato ______________ più sport, ha provato anche ______________ una dieta... ma è stato tutto inutile. Non è riuscito ______________ le sue promesse e ora continua ______________ la vita di prima. Daniele è stato più diligente: ha cominciato ______________ un corso di arabo, ha terminato ______________ la sua tesi e ha imparato ______________ il sushi.

mantenersi in forma	fit bleiben	mantenere	*hier:* einhalten
riuscire	schaffen	seguire	befolgen
smettere	aufhören	condurre	führen
terminare	beenden, abschließen	l'abitudine w	Gewohnheit
forse	vielleicht	sano	gesund
il posto fisso	feste Anstellung	inutile	nutzlos
indipendente	unabhängig	diligente	fleißig
sposarsi	heiraten	la tesi	Abschlussarbeit

★ 20 Präpositionen mit Artikel

Wie im Deutschen können einige Präpositionen mit einem Artikel verwendet werden. Zusammengesetzte Präpositionen haben im Regelfall dieselbe Bedeutung und denselben Gebrauch wie einfache Präpositionen.

*Roma è vicino **a** Ostia.* *La banca è vicino **alla** stazione.*
*Stasera dormo **da** Lisa.* *Vado **dalla** mia amica Clara.*

START

Lesen Sie den Dialog und unterstreichen Sie die zusammengesetzten Präpositionen.

- o Scusi, c'è una banca qui vicino?
- ◆ Sì, guardi, c'è una banca qui all'angolo, vicino alla fermata dell'autobus.
- o Sa se è aperta ora?
- ◆ Il lunedì è aperta dalle 9 alle 12.30.
- o È tardi... accidenti!
- ◆ Se vuole, c'è uno sportello bancomat nel centro commerciale.
- o Grazie mille!

SEHEN

Sehen Sie sich jetzt die Tabellen an. Ergänzen Sie die Lücken mit den zusammengesetzten Präpositionen, die Sie unterstrichen haben und versuchen Sie, die noch fehlenden Formen einzusetzen.

	männlich				
	il	lo	l'	i	gli
di	del	dello	______	dei	degli
a	______	allo	______	ai	agli
da	dal	______	dall'	dai	______
in	______	nello	______	______	negli
su	sul	______	sull'	sui	______

	weiblich		
	la	l'	le
di	della	dell'	delle
a	______	all'	______
da	dalla	dall'	______
in	nella	______	nelle
su	sulla	sull'	______

VERSTEHEN

Ergänzen Sie nun die folgenden Regeln.

- Wenn auf die Präpositionen *di*, *a*, *da*, *in*, *su* ☐ ein unbestimmter Artikel ☐ ein bestimmter Artikel folgt, verschmilzt die Präposition mit dem Artikel.
- Bei der Verschmelzung wird die Präposition ______ zu *de-* und ______ zu *ne-*.

! Die zusammengesetzten Präpositionen folgen den Regeln des bestimmten Artikels. Es ist daher wichtig, das Geschlecht (männlich und weiblich) und die Zahl (Singular und Plural) des Substantivs, das auf die Präposition folgt, zu beachten.
Le chiavi sono ***nello*** *zaino.* (***in*** + ***lo*** *zaino*)

Präpositionen mit Artikel

ANWENDEN

1. Was geschieht Frau Carli? Lesen Sie den Text und setzen Sie die Präposition mit dem Artikel zusammen.

La signora Carli ha un appuntamento (da + il) _______ parrucchiere. Compra il biglietto (di + l') _______ autobus e poi va (a + la) _______ fermata. (a + le) _______ 12.45 sale (su + l') _______ autobus che va in direzione (di + il) _______ centro storico. Scende (da + l') _______ autobus ed entra (in + il) _______ negozio (di + il) _______ parrucchiere. La signora Carli apre la borsa e vede che non ha soldi (in + il) _______ portafoglio. Esce (da + il) _______ negozio e va (a + lo) _______ sportello bancomat (in + il) _______ centro commerciale.

2. Frau Carli beim Friseur. Kreuzen Sie die jeweils richtige Option an.

◆ Vorrei una pettinatura per un'occasione importante. Stasera vado ☐ alle / ☐ alla / ☐ al festa di matrimonio ☐ dei / ☐ delle / ☐ degli amici di mio marito. ☐ All' / ☐ Agli / ☐ Alle 20 festeggiano al ristorante *Al Porto*. Lo conosce?

○ Ah sì, è un ottimo ristorante. È vicino ☐ allo / ☐ al / ☐ alla teatro nazionale, proprio davanti ☐ all' / ☐ al / ☐ allo albergo Ariston ☐ della / ☐ dello / ☐ del signor Pocci. Deve provare gli spaghetti ☐ alle / ☐ alla / ☐ agli vongole e la torta ☐ della / ☐ delle / ☐ del nonna.

◆ Grazie ☐ dello / ☐ dell' / ☐ del consiglio!

○ E dove vanno gli sposi in luna di miele?

◆ Vanno ☐ nei / ☐ nelle / ☐ negli Stati Uniti perché sono amanti ☐ delle / ☐ dei / ☐ degli città americane e ☐ dei / ☐ degli / ☐ delle viaggi lunghi. Rimangono ☐ dal / ☐ dallo / ☐ dall' 2 fino ☐ allo / ☐ all' / ☐ al 28 di agosto.

l'angolo	Ecke	la pettinatura	Frisur
la fermata	Haltestelle	l'occasione *w*	Anlass
accidenti!	*hier:* verdammt!	il matrimonio	Hochzeit
lo sportello bancomat	Geldautomat	la vongola	Venusmuschel
la direzione	Richtung	gli sposi	Brautpaar
il portafoglio	Geldbeutel	la luna di miele	Hochzeitsreise

21 Subjektpronomen

Die Subjektpronomen (Personalpronomen) ersetzen Personen oder Dinge, die im Satz als Subjekt fungieren. Sie entsprechen im Deutschen dem Nominativ (Wer-Fall). Im Gegensatz zum Deutschen werden Subjektpronomen in der Regel weggelassen, da die Endungen der konjugierten Verben bereits die Informationen über die Personen enthalten.
*Parl**o** l'italiano.* (oft anstelle von: ~~Io~~ parlo l'italiano.)
Subjektpronomen werden verwendet, um etwas hervorzuheben (z. B. bei Fragen und bei Gegenüberstellungen), mit bestimmten Wörtern (z. B. *anche*, *nemmeno*, *invece*) oder wenn das Verb fehlt.

◆ *Marco, **tu** sei di qui?* ✚ *Sì, sono di Genova.*
○ ***Io** sono di Genova, **lui** è di La Spezia.*
▲ *Anche **voi** lavorate qui?* ◻ ***Io** sì, ma **lui** no.*

START

Lesen Sie den Dialog und unterstreichen Sie die Subjektpronomen.

◆ Marco, tu sei di qui?
○ Sì, sono di Genova. E voi?
◆ Io sono di Genova, ma lui è di La Spezia.

SEHEN

Sehen Sie sich jetzt die Tabelle an und ergänzen Sie die Lücken mit den Pronomen, die Sie unterstrichen haben.

	Singular		**Plural**	
1. Person	________	ich	noi	wir
2. Person	________	du	________	ihr
			Voi	Sie *(Plural)*
3. Person	________ / lei	er/sie	loro	sie
	Lei	Sie *(Singular)*	Loro	Sie *(Plural)*

VERSTEHEN

Ergänzen Sie nun die folgenden Regeln.

- Für die höfliche Anrede (Sie-Form) einer Einzelperson verwendet man ________. Diese Form ist, abgesehen von der Großschreibung des Anfangsbuchstabens, identisch mit der ☐ 1. Person Singular. ☐ 2. Person Singular. ☐ 3. Person Singular.
- Die höfliche Anrede mehrerer Personen lautet ________.
Diese Anredeform ist aber sehr formell und wird oft durch die 2. Person Plural ________ ersetzt.
- Die Subjektpronomen werden bei der Höflichkeitsform großgeschrieben.

! Zur Betonung können Subjektpronomen manchmal auch ans Satzende gestellt werden.
Oggi offro ***io!***

ANWENDEN

1. **Schreiben Sie die passenden Subjektpronomen neben die folgenden Verbformen (→ Kap. 35, 37).**

________ mangiamo	________ bevo	________ è
________ prendi	________ amiamo	________ parlano
________ abita	________ vado	________ stai
________ offrite	________ studiano	________ lavorate

2. **Vervollständigen Sie Alessandros Erzählung mit den passenden Subjektpronomen.**

Alessandro racconta:
"Io ed Eleonora siamo italiani. ______ è di Imperia, ______ sono di La Spezia. Da due mesi lavoriamo in Germania: ______ è impiegata in un'azienda, ______ sono commesso in un centro commerciale. Purtroppo ______ non parlo ancora molto bene il tedesco, ______, invece, lo parla benissimo. I nostri amici sono italiani, ma hanno abitudini diverse: ______ amiamo uscire la sera, ______ preferiscono rimanere a casa."

3. Mit oder ohne Subjektpronomen? Kreuzen Sie die jeweils richtige Option an.

1. ◆ Stasera ☐ noi andiamo / ☐ andiamo al cinema a vedere l'ultimo film di Gabriele Muccino. ☐ Voi avete voglia / ☐ Avete voglia di venire con noi?
   ○ No, ☐ io sono / ☐ sono stanco e ☐ lei lavora / ☐ lavora fino a tardi.

2. ○ Che cosa ☐ voi fate / ☐ fate quest'estate?
   ◆ ☐ Noi andiamo / ☐ Andiamo in vacanza in Sicilia.
   ○ Che bello! Invece ☐ noi andiamo / ☐ andiamo in Puglia. ☐ Noi partiamo / ☐ Partiamo il 1° agosto.
   ◆ ☐ Anche noi / ☐ Anche.

l'azienda	Firma	l'abitudine *w*	Gewohnheit

★ 22 Direkte Objektpronomen

Die direkten Objekte sind Ergänzungen zum Prädikat und stehen ohne Präposition.
*Non conosco **la tua collega**.*

Die direkten Objektpronomen ersetzen ein bereits erwähntes direktes Objekt (Akkusativ/Wen-Fall). Sie entsprechen grundsätzlich den Akkusativpronomen im Deutschen. Man unterscheidet zwischen unbetonten und betonten Formen. Die betonten Formen verwendet man, um das Objekt hervorzuheben oder mit Präpositionen. Gewöhnlich werden die unbetonten Formen gebraucht.

(unbetont)	○ *Conosci Raffaella?*	◆ *No, non **la** (= Raffaella) conosco.*
(betont)	○ *Chi preferisci, Luca o Marta?*	◆ *Non sopporto né **lui** (= Luca) né **lei** (= Marta).*

START

Lesen Sie den Dialog und unterstreichen Sie die direkten Objektpronomen.

○ Vieni con me alla festa di Raffaella?
◆ Non la conosco molto bene...
○ Guarda, è una persona molto carina. Raffaella e suo marito abitano vicino a casa mia. Li vedo spesso e a volte mi invitano a cena. Dai, vieni!

22 Direkte Objektpronomen

Le sue feste sono sempre divertenti!
E poi Raffaella ed Egidio ti vogliono conoscere.

- ◆ Vogliono conoscere me?
- ○ Sì, parlo spesso di te e sono curiosi!

SEHEN

Sehen Sie sich jetzt die Tabelle an und ergänzen Sie die Lücken mit den Pronomen, die Sie unterstrichen haben.

Direkte Objektpronomen					
Singular			**Plural**		
unbetont	**betont**		**unbetont**	**betont**	
______	______	mich	ci	noi	uns
______	______	dich	vi	voi	euch/Sie
lo	lui	ihn	______	loro	sie *(m)*
______	lei	sie	le	loro	sie *(w)*
La	Lei	Sie *(Singular)*			

VERSTEHEN

Ergänzen Sie nun die folgenden Regeln.

- Die unbetonten Formen verwendet man immer in Verbindung mit einem Verb und sie stehen ☐ vor dem konjugierten Verb. ☐ nach dem konjugierten Verb.
- Die unbetonten Pronomen der 3. Person *lo*, *la*, ______, ______, ______ richten sich in Geschlecht und Zahl nach der Person/Sache, die sie ersetzen.
- Die betonten Formen stehen in der Regel ☐ vor dem konjugierten Verb. ☐ nach dem konjugierten Verb.

! In verneinten Sätzen steht *non* vor dem unbetonten direkten Objektpronomen. Bei der betonten Form steht *non* vor dem konjugierten Verb.
***Non** la conosco.*
***Non** conosco lei, conosco lui.*

ANWENDEN

1. Verbinden Sie die linke Spalte mit der rechten und unterstreichen Sie alle unbetonten direkten Objektpronomen.

1. ○ Vuoi un caffè?
2. ○ Sara, non posso parlare al telefono.
3. ○ Quando vedi Mariella e Susanna?
4. ○ Franca, sei pronta?
5. ○ Conosci bene Roma?
6. ○ Dove compri i ravioli?

a. ◆ Li compro al panificio Atti.
b. ◆ No, purtroppo la conosco poco.
c. ◆ Va bene, ti chiamo più tardi.
d. ◆ No, grazie. Non lo bevo mai la sera.
e. ◆ Le incontro lunedì prossimo.
f. ◆ Non ancora. Mi aspetti in macchina?

2. Vervollständigen Sie den Dialog mit den unbetonten direkten Objektpronomen.

ci ti lo lo lo la le le

◆ Per la festa di stasera abbiamo tutto?
○ Manca solo il pane. _____ puoi comprare tu?
◆ Sì, _____ prendo io. Le lasagne sono pronte?
○ Non ancora, _____ prepara mia madre. Questa volta _____ fa con le verdure.
◆ Gli ospiti vengono tutti?
○ Sì, quasi tutti. Solo Mariella non può, ma _____ viene a trovare nel fine settimana.
◆ E Giovanna viene?
○ Mia cugina? No, no, non _____ vedo da due anni. Ascolta, inizio a portare fuori le verdure e la carne per la grigliata. _____ aspetto in giardino e prepariamo insieme le decorazioni. OK?
◆ Va bene! Hai pensato anche al dolce?
○ Oddio, il dolce! _____ preparo dopo!

3. Unbetonte oder betonte direkte Objektpronomen? Kreuzen Sie die jeweils richtige Option an.

1. ◆ Quando vai da Massimo?
   ○ Penso di andare da ☐ lui / ☐ lo domenica pomeriggio. Domani ☐ lui / ☐ lo chiamo per sapere se è libero nel fine settimana.

2. ◆ Franco, Patrizia e Martina vengono alla festa.
   ○ Giorgia e Carlo? Non invitiamo anche ☐ loro / ☐ li?
   ◆ Tu che dici?
   ○ Trovo sia ☐ lei / ☐ la che ☐ lui / ☐ lo sempre molto disponibili. Secondo me, ☐ loro / ☐ li dobbiamo invitare.

sopportare	ertragen, aushalten	l'ospite *m*	Gast
curioso	neugierig	venire a trovare	besuchen (kommen)
il panificio	Bäckerei	aspettare	warten
mancare	fehlen	Oddio!	Oje!, Ach Gott!

★ 23 Indirekte Objektpronomen

Die indirekten Objektpronomen ersetzen ein indirektes Objekt, das mit der Präposition *a* eingeleitet wird. Sie entsprechen grundsätzlich den Dativpronomen (Wem-Fall) im Deutschen. Man unterscheidet zwischen unbetonten und betonten Formen. Am häufigsten werden die unbetonten Formen gebraucht. Die betonten Formen verwendet man nur zur Hervorhebung (z. B. bei einer Gegenüberstellung), mit bestimmten Wörtern (z. B. *anche*, *neanche*, *invece*) oder wenn das Verb fehlt.

(unbetont) ***Le** piacciono i pantaloni blu in vetrina.*
(betont) ***A lei** piacciono le gonne, **a me** i pantaloni.*

START

Lesen Sie den Dialog und unterstreichen Sie die indirekten Objektpronomen.

Ragazzi, sabato è il compleanno di Luisa. Idee?

Ho parlato con Giorgio. Mi ha detto che le piacciono i pantaloni blu in vetrina da Barberini.

A me sembra un'ottima idea!

Anche a me!

Ragazzi, io sono in centro. Se volete, vado io e vi mando una foto dei pantaloni...

SEHEN

Sehen Sie sich jetzt die Tabelle an und ergänzen Sie die Lücken mit den Pronomen, die Sie unterstrichen haben.

Indirekte Objektpronomen					
Singular			**Plural**		
unbetont	**betont**		**unbetont**	**betont**	
______	a ______	mir	ci	a noi	uns
ti	a te	dir	______	a voi	euch / Ihnen *(Plural)*
gli	a lui	ihm	gli	a loro	ihnen *(m/w)*
______	a lei	ihr			
Le	a Lei	Ihnen *(Singular)*			

VERSTEHEN

Ergänzen Sie nun die folgenden Regeln.

- Die unbetonten Formen stehen ☐ vor dem konjugierten Verb.
  ☐ nach dem konjugierten Verb.
- Für die 3. Person Singular (männlich) verwendet man ☐ *le*. ☐ *gli*.
- Für die 3. Person Singular (weiblich) verwendet man ☐ *le*. ☐ *gli*.
- Die betonten Formen werden von der Präposition ______ eingeleitet und können sowohl vor als auch nach dem Verb stehen.

! In verneinten Sätzen steht *non* vor dem unbetonten indirekten Objektpronomen. Bei der betonten Form steht *non* vor dem konjugierten Verb.
***Non** mi piace fare regali.*
*A me **non** piace fare regali.*

ANWENDEN

1. **Lesen Sie die E-Mail und ergänzen Sie mit den korrekten indirekten Objektpronomen.**

le le mi vi ci gli gli gli

Cari Marcello e Luana,
come state? ______ piace vivere in Germania? Ho alcune novità: Alice sta imparando a sciare e ______ piace tantissimo. Per il suo compleanno ______ abbiamo regalato uno snowboard! Carlo, invece, non lavora più in banca. ______ dispiace un po', ma ora è più vicino a casa. Ieri Giorgio mi ha telefonato e ______ ha detto che vuole cercare lavoro in Germania. ______ ho consigliato di parlare con voi e così ______ ho dato il vostro indirizzo. ______ mandate una foto della vostra casa? Vogliamo vedere dove abitate!
Un bacio,
Sara

2. **Marina denkt schon an die Weihnachtsgeschenke. Vervollständigen Sie den Dialog mit den unbetonten indirekten Pronomen.**

- ◆ Chiara, hai voglia di venire con me a fare shopping?
- o Volentieri! Così _____ posso dare qualche consiglio.
- ◆ Grazie! Allora, mia madre è molto attenta alla moda e _____ piace vestirsi bene. _____ prendo una camicetta da mettere con una gonna. _____ piacerà sicuramente.
- o E per tuo padre e tuo fratello?
- ◆ A mio padre l'anno scorso ho comprato un paio di occhiali da sole, ma non _____ sono piaciuti. Lui ama leggere, quindi forse _____ compro un lettore e-book.
- o _____ sembra un'ottima idea!
- ◆ Mio fratello è sempre al computer, quindi _____ regalo un videogioco.

3. **Unbetonte oder betonte indirekte Objektpronomen? Kreuzen Sie die jeweils richtige Option an.**

1. ◆ I libri di Fabio Volo non ☐ mi / ☐ a me piacciono per nulla. E ☐ ti / ☐ a te?
   ○ ☐ Mi / ☐ A me invece sì. Li trovo semplici ma interessanti.
2. ◆ Lucia e Marco vengono a cena da noi. Che cosa ☐ gli / ☐ a loro prepariamo?
   ○ Allora, ☐ gli / ☐ a lui non piace la carne e ☐ le / ☐ a lei non piacciono le verdure. Possiamo fare un piatto di spaghetti e del pesce.

la vetrina	Schaufenster	il consiglio	Rat
sembrare	scheinen	la camicetta	Bluse
dispiacere	leid tun, bedauern	il lettore e-book	E-Book-Reader
consigliare	raten, empfehlen	il videogioco	Videospiel

★ 24 Pronominaladverbien *ci* und *ne*

Ci und *ne* verwendet man, um adverbiale Konstruktionen oder Ergänzungen, die von Präpositionen eingeleitet werden, nicht zu wiederholen.
Con chi vai ***in Australia****?* ***Ci*** *vado da solo.*
Sei sicuro ***della tua decisione****? Sì,* ***ne*** *sono sicuro.*

START

Lesen Sie den Dialog zwischen Marco und seiner Mutter und unterstreichen Sie *ci* und *ne* mit zwei verschiedenen Farben.

○ Mamma, ho deciso di andare in Australia. Guarda che bei posti!
◆ In Australia? E con chi ci vai?
○ Ci vado da solo.
◆ Ma non pensi al tuo futuro e ai tuoi studi?
○ Ci ho pensato a lungo, ma non voglio continuare a studiare.
◆ Sei sicuro? Non hai voglia di andare all'università e fare nuove esperienze?
○ Non ne ho proprio voglia.
◆ E hai parlato con tuo padre di tutto questo?
○ Non ancora. Quando torna stasera, ne parlo anche con lui.

Pronominaladverbien *ci* und *ne*

SEHEN

Sehen Sie sich jetzt die Tabelle an und ergänzen Sie die Lücken mit den Pronominaladverbien, die Sie unterstrichen haben.

- o Ho deciso di andare in Australia. ◆ E con chi ______ (= in Australia) vai?

- ◆ Ma non pensi al tuo futuro e ai tuoi studi?
- o ________ (= al futuro e agli studi) ho pensato a lungo.
  Con i miei genitori non vado d'accordo. **Ci** (= con loro) litigo spesso.
- ◆ Hai riflettuto su questa scelta? o **Ci** (= su questa scelta) ho riflettuto molto.

- ◆ Non hai voglia di andare all'università?
- o Non ________ (= di andare all'università) ho proprio voglia.
- ◆ Hai parlato con tuo padre di tutto questo?
- o ________ (= di tutto questo) parlo anche con lui.
- ◆ Sei sicuro della tua scelta? o **Ne** (= di questa scelta) sono sicuro.

VERSTEHEN

Ergänzen Sie nun die folgenden Regeln.

- Um eine bereits erwähnte Orts- oder Richtungsangabe zu ersetzen, verwendet man ☐ *ne*. ☐ *ci*. In der Regel steht es ☐ nach ☐ vor dem konjugierten Verb.
- Um Ergänzungen zu ersetzen, die von den Präpositionen *a*, *in*, *su* und *con* eingeleitet werden, verwendet man ☐ *ne*. ☐ *ci*.
- Um Ergänzungen zu ersetzen, die von der Präposition *di* eingeleitet werden, verwendet man ☐ *ne*. ☐ *ci*.

ANWENDEN

1. **Verbinden Sie die linke Spalte mit der rechten.**

1. Vai all'università in settembre?	a. No, non ci sono mai stato.
2. Con chi vai alla festa di Paolo?	b. Ci vado in aereo.
3. Sei mai stato in Australia?	c. Ci vado con la mia ragazza.
4. I tuoi genitori non vanno in vacanza?	d. No, non ci vado.
5. Come vai a Melbourne?	e. Sì, ci vanno ad agosto.

2. **Luca und Chiara unterhalten sich nach der Bekanntgabe der Prüfungsergebnisse. Vervollständigen Sie den Dialog mit *ci* oder *ne*.**

- ○ Allora, Luca, sei soddisfatto dei risultati dell'esame di maturità?
- ◆ No, non ______ sono soddisfatto! Adesso devo riuscire a passare il test d'ingresso per Medicina.
- ○ Non ti preoccupare. ______ riesci sicuramente. Se vuoi, ti aiuto!
- ◆ Davvero posso contare su di te?
- ○ Certo, ______ puoi sempre contare! Ah, hai saputo della decisione di Marco?
- ◆ No, non ______ so nulla. Che è successo?
- ○ Va in Australia e ______ rimane 6 mesi. Sabato sera organizza una festa a casa sua. ______ andiamo?
- ○ Non so...
- ◆ Dai, vieni! Non hai voglia di vedere tutti i compagni un'ultima volta?
- ○ No, non ______ ho proprio voglia!

3. **Lesen Sie Marcos Forumsbeitrag und kreuzen Sie die jeweils richtige Option an.**

PROGETTI DOPO LA MATURITÀ?

Ciao a tutti,
lunedì vado in Australia e ☐ ci / ☐ ne resto per sei mesi. Ho bisogno di prendermi una pausa, ☐ ci / ☐ ne ho veramente bisogno dopo lo stress degli esami! Volevo iscrivermi all'università, ☐ ci / ☐ ne ho pensato a lungo, ma poi ho cambiato idea. Purtroppo i miei genitori sono contrari. In questo periodo non vado d'accordo con loro e ☐ ci / ☐ ne litigo quasi ogni giorno! Io sono sicuro della mia scelta, loro non ☐ ci / ☐ ne sono convinti... E voi, quali progetti avete dopo la maturità?

litigare	streiten	contare (su)	*hier:* zählen (auf)
riflettere	nachdenken	avere bisogno (di)	brauchen
la scelta	Wahl, Entscheidung	prendersi una pausa	eine Pause einlegen
soddisfatto (di)	zufrieden (mit)	andare d'accordo	sich gut verstehen
riuscire (a)	schaffen (zu)	convinto (di)	überzeugt (von)
il test d'ingresso	Aufnahmeprüfung		

25 Possessivbegleiter

Possessivbegleiter sind besitzanzeigende Fürwörter, d. h. sie geben an, wem etwas gehört. Possessivbegleiter funktionieren wie Adjektive und werden in Geschlecht und Zahl an das Substantiv, auf das sie sich beziehen, angeglichen.
*Stasera esco con **i miei** amici.*

START

Lesen Sie die E-Mail und unterstreichen Sie die Possessivbegleiter.

Ciao Antonella,
stasera Luca esce con i suoi amici del calcio e io organizzo una cena con le mie amiche qui a casa. Hai voglia di venire?
Se vuoi, possiamo invitare anche la nostra collega Giulia.
Fammi sapere!
Barbara

SEHEN

Sehen Sie sich jetzt die Tabelle an und ergänzen Sie die Lücken mit den Possessivbegleitern, die Sie unterstrichen haben.

männlich				weiblich			
Singular		**Plural**		**Singular**		**Plural**	
il mio		i miei		la mia		le ______	
il tuo		i tuoi		la tua		le tue	
il suo		i ______		la sua		le sue	
il Suo	amico	i Suoi	amici	la Sua	collega	le Sue	amiche
il nostro		i nostri		la ______		le nostre	
il vostro		i vostri		la vostra		le vostre	
il loro		i loro		la loro		le loro	

VERSTEHEN

Ergänzen Sie nun die folgenden Regeln.

- Vor Possessivbegleitern steht grundsätzlich ☐ kein Artikel. ☐ der bestimmte Artikel.
- *Suo* steht ☐ nur für *sein*. ☐ nur für *ihr*. ☐ sowohl für *sein* als auch für *ihr*.
- Die Form *loro* ☐ wird an das Besitzobjekt angepasst. ☐ ist unveränderlich.

ANWENDEN

1. **Lesen Sie Giulias E-Mail an einen Freund und ergänzen Sie den Text mit den bestimmten Artikeln und den richtigen Endungen der Possessivbegleiter.**

Caro Carlo,
qui a Brescia va tutto bene. _____ nostr___ quartiere è tranquillo e _____ nostr___ casa è grande. Anche _____ nostr___ vicini sono simpatici. Francesco lavora in banca: _____ su___ ufficio è in centro, _____ suo___ colleghi sono gentili e _____ su___ capo è disponibile. Io lavoro come insegnante e _____ mi___ lavoro mi piace: _____ mi___ scuola è vicino a casa e _____ mie___ alunni sono bravi.
E tu, come stai? Com'è _____ tu___ vacanza al mare?
A presto, Giulia

2. **Francesco erzählt, was Giulia und er am Wochenende unternehmen. Vervollständigen Sie den Text mit den Possessivbegleitern.**

"Di solito il venerdì sera io esco con ________ colleghi e Giulia va al cinema con ________ amiche. Il sabato o la domenica andiamo a cena fuori con ________ amici. Spesso andiamo alla *Trattoria del Sole*, ________ ristorante preferito. Il locale è sul Lago di Garda e ________ proprietari, Paolo e Virginia, sono due persone speciali. La loro cucina è semplice, ma molto buona. Paolo fa il pizzaiolo e ________ pizze sono grandissime. Virginia fa la cuoca da anni e ________ lasagne sono favolose! Mi piace ________ ristorante perché l'atmosfera è familiare."

3. **Bringen Sie die Satzteile in die jeweils richtige Reihenfolge.**

a. Stasera – a – le – cena. – colleghe – mie – vengono

____

b. non – suo – Il – funziona. – computer

____

c. Devo – in ordine – la – casa. – mettere – mia

____

d. nostra – Andiamo – con – ristorante – macchina. – al – la

____

il calcio	Fußball	la trattoria	Gastwirtschaft
invitare	einladen	il/la proprietario/-a	Besitzer/in
il quartiere	Viertel	il/la pizzaiolo/-a	Pizzabäcker/in
il capo	Chef/in	favoloso	großartig
disponibile	*hier:* hilfsbereit	familiare	*hier:* familiär
l'alunno/-a	Schüler/in		

★ 26 Gebrauch des Artikels

Anders als im Deutschen werden die Possessivbegleiter im Italienischen vom bestimmten Artikel begleitet (→ Kap. 25). In einigen Fällen wird der bestimmte Artikel jedoch weggelassen.

*Dobbiamo rimandare **la nostra** gita, devo andare da **mia** nonna.*

START

Lesen Sie Chiaras Nachricht und unterstreichen Sie alle Possessivbegleiter.

Sabri, dobbiamo rimandare la nostra gita in montagna.
Mio fratello mi ha appena ricordato che è il compleanno di nostra nonna Maria. L'avevo completamente dimenticato! 😥 Compie 80 anni e ha invitato i suoi figli e tutti i nipoti a pranzo. Ci sentiamo per la prossima settimana! 😘 Chiara

SEHEN

Sehen Sie sich jetzt die Tabellen an und ergänzen Sie die Lücken mit den Possessivbegleitern, die Sie unterstrichen haben. Ergänzen Sie auch die fehlenden Verwandtschaftsbezeichnungen.

Singular			
männlich		**weiblich**	
______	______	mia	sorella
tuo	cugino	tua	cugina
suo	figlio	sua	figlia
nostro	nonno	______	______
vostro	nipote	vostra	nipote
il loro	nonno	la loro	nonna

Plural			
männlich		**weiblich**	
i miei	fratelli	le mie	sorelle
i tuoi	cugini	le tue	cugine
______	______	le sue	figlie
i nostri	cugini	le nostre	cugine
i vostri	nipoti	le vostre	nipoti
i loro	nonni	le loro	nonne

VERSTEHEN

Ergänzen Sie nun die folgenden Regeln.

- Bei Verwandtschaftsbezeichnungen im Singular steht ☐ kein Artikel ☐ der bestimmte Artikel vor dem Possessivbegleiter.
- Der bestimmte Artikel ☐ entfällt ☐ entfällt nicht bei *loro*.
- Bei Verwandtschaftsbezeichnungen im Plural ______________________.

ANWENDEN

1. **Wer kommt zu Omas Geburtstag? Übersetzen Sie die Angaben in Klammern.**

"(Unsere Familie) ________________ è grande e così (meine Oma) ________________ deve invitare tutti per (ihr Geburtstag) ________________. Viene (ihr Sohn) ________________ con (seine Frau) ________________. Poi ci sono (meine Eltern) ________________, io e (mein Bruder) ________________. (Meine Tante) ________________ non può venire, ma (meine Cousins) ________________ vengono tutti."

2. **Chiara beschreibt ihrer Tandempartnerin ihre Familie. Vervollständigen Sie mit dem jeweils passenden Possessivbegleiter (mit oder ohne Artikel).**

Cara Marie,

come promesso, ti descrivo la mia famiglia. __________ madre ha 62 anni e lavora con __________ fratello (__________ zio) nell'azienda di famiglia. __________ padre lavora in un negozio di mobili. Non ho mai conosciuto __________ nonni, i genitori di __________ padre. Cristian è __________ fratello: ha 35 anni e andiamo molto d'accordo. Vive con __________ figlio vicino a noi. Accanto a __________ madre ci sono io con __________ figlia Luisa. Abbiamo un buon rapporto anche con __________ cugino Riccardo. È sposato e abita con __________ moglie e __________ figlia a Firenze. Com'è __________ famiglia?

A presto,
Chiara

3. Marie beschreibt ihre Familie. Kreuzen Sie die jeweils passende Option an.

Cara Chiara,

grazie per ☐ tua / ☐ la tua mail e la foto con ☐ tuoi / ☐ i tuoi genitori. Noi siamo in cinque in famiglia: io, ☐ mia / ☐ la mia madre Kerstin, ☐ mio / ☐ il mio padre Alexander, ☐ mia / ☐ la mia sorella Martina e ☐ nostro / ☐ il nostro cane Rudi. Viviamo a Berlino, ma ☐ nostra / ☐ la nostra casa è in periferia. ☐ Nostro / ☐ Il nostro quartiere ci piace perché è tranquillo. Studio Medicina e ☐ mia / ☐ la mia università non è lontano da casa. Martina frequenta il liceo e ☐ sua / ☐ la sua scuola è a cinque minuti da qui, così ci può andare con ☐ sua / ☐ la sua bicicletta. Io e ☐ mia / ☐ la mia sorella passiamo molto tempo insieme: il sabato usciamo con ☐ nostri / ☐ i nostri amici.

Ci sentiamo presto!

Marie

! In einigen Fällen wird der Artikel jedoch verwendet:

- bei Verkleinerungsformen von Verwandtschaftsbezeichnungen im Singular (z. B. *la mia nonnina*, *la nostra cuginetta* usw.);
- bei näher bestimmten Verwandtschaftsbezeichnungen mit Adjektiven (z. B. *la mia nonna materna*);
- bei Koseformen (z. B. *la mia mamma*, *il tuo papà*);
- bei Substantiven wie *ragazzo/-a* (Freund/in), *fidanzato/-a* (Verlobter/-e), *compagno/-a* (Partner/in), da sie nicht als Verwandtschaftsbezeichnungen gelten.

rimandare	verschieben	andare d'accordo	*hier:* sich verstehen
la gita	Ausflug	il rapporto	Verhältnis
come promesso	wie versprochen	(in) periferia	(am) Stadtrand
descrivere	beschreiben	il quartiere	Viertel
l'azienda	Firma	materno/-a	*hier:* mütterlicherseits

27 *Questo*

Questo *(dieser/-e/-s)* kann entweder Substantive begleiten (als Adjektiv) oder sie ersetzen (als Pronomen). *Questo* verweist auf Personen und Dinge, die sich sowohl zeitlich als auch räumlich in der unmittelbaren Nähe des Sprechers befinden.

Sofia, puoi mandare ***questo*** *pacco al signor Poggi?*

Questa *stanza è molto grande.*

START

Lesen Sie den Dialog und unterstreichen Sie die Formen von *questo*.

- ○ Ecco i miei colleghi. Guarda, questo ragazzo è Jonathan, è australiano e lavora con noi da due mesi. Poi... qui c'è Tommaso, un collega di Bologna e queste due ragazze sono Lara e Kerstin. Entrambe sono tedesche.
- ○ E chi è questa?
- ◆ È Sofia. Ha finito l'università a settembre e ora fa un tirocinio nella nostra azienda.
- ○ È davvero carina...

SEHEN

Sehen Sie sich jetzt die Tabellen an und ergänzen Sie die Lücken mit den Formen von *questo*, die Sie unterstrichen haben.

Adjektiv				
	Singular		Plural	
männlich	___	ragazzo	**questi**	ragazzi
weiblich	**questa**	ragazza	___	ragazze

Pronomen		
	Singular	Plural
männlich	questo	questi
weiblich	___	queste

VERSTEHEN

Ergänzen Sie nun die folgenden Regeln.

- *Questo* ☐ bleibt unverändert. ☐ richtet sich in Zahl und Geschlecht nach seinem Bezugswort.
- Die Formen von *questo* als Adjektiv (vor einem Substantiv) und die Formen von *questo* als Pronomen (ohne Substantiv) sind ☐ identisch. ☐ unterschiedlich.

! Bei Substantiven, die mit Vokal beginnen, können *questo* und *questa* auch mit Apostroph geschrieben werden. Die Pluralformen *questi* / *queste* werden hingegen nie apostrophiert.
***Quest'**estate Livia non va in vacanza.*
***Quest'**anno mia nonna compie 90 anni.*

ANWENDEN

1. **Ordnen Sie folgende Substantive dem jeweils richtigen Adjektiv zu.**

appartamento stanza fotografia colleghi lavoro aziende
libri documenti notizie orologio borse agenda

questo	questi	questa	queste
____	____	____	____
____	____	____	____
____	____	____	____

2. **Bringen Sie die Satzteile in die jeweils richtige Reihenfolge.**

a. il – Questo – Suo – ufficio? – è

____

b. stanza – molto – grande. – Questa – è

____

c. Questo – di – contratto – è – Marco. – il

____

d. idea. – Questa – è – ottima – un'

____

3. Lesen Sie folgenden Dialog zwischen Sonia und ihrem Chef und ergänzen Sie mit den Formen von *questo*.

- ○ __________ settimana sono a Vienna, quindi ci sono __________ cose da fare. Sonia, per favore spedisci __________ documenti al signor Marzucchi. Poi... __________ fotocopie sono per la signora Marchi e __________ sono per il dottor Bilancioni.
- ◆ Devo portare __________ pacco in posta?
- ○ No, __________ è per il corriere che viene domani mattina. Per favore, controlla anche __________ lettera per il signor Brizzi prima di inviarla. Bene, è tutto.
- ◆ Va bene. Allora, buon viaggio a Vienna!

entrambe	beide	il contratto	Vertrag
il tirocinio	Praktikum	ottimo	ausgezeichnet
l'azienda	Firma	il corriere	Kurier
la notizia	Nachricht	la lettera	*hier:* Brief

★ 28 *Quello*

Quello (jener/-e/-s; der/die/das dort) kann entweder Substantive begleiten (als Adjektiv) oder sie ersetzen (als Pronomen). *Quello* verweist auf Personen und Dinge, die sich vom Sprecher weiter entfernt befinden.

*Vorrei vedere **quella** borsa in vetrina, per favore. **Quella** nera in pelle.*

○ ***Quel** ragazzo è il fratello di Anna.* ◆ *Quale? **Quello** con gli occhiali da sole?*

START

Lesen Sie den Dialog und unterstreichen Sie die Formen von *quello*.

- ○ Guardiamo le vetrine di quel negozio! Che carina quella borsa marrone...
- ◆ Non so... io preferisco quella nera.
- ○ Anche quegli stivali mi piacciono molto.
- ◆ Quelli neri? Ma sono carissimi!
- ○ Dai, entriamo! Forse troviamo qualcosa per la tua conferenza di giovedì!

SEHEN

Sehen Sie sich jetzt die Tabelle an und ergänzen Sie die Lücken mit den Formen von *quello*, die Sie unterstrichen haben.

Adjektiv				
	Singular		Plural	
m	**il** negozio	________ negozio	**i** negozi	**quei** negozi
	l'orologio	**quell'**orologio	**gli** orologi	**quegli** orologi
	lo stivale	**quello** stivale	**gli** stivali	________ stivali
w	**la** borsa	________ borsa	**le** borse	**quelle** borse
	l'agenda	**quell'**agenda	**le** agende	**quelle** agende

Pronomen		
	Singular	Plural
m	quello	________
w	________	quelle

VERSTEHEN

Ergänzen Sie nun die folgenden Regeln.

- *Quello* hat ☐ die gleichen ☐ unterschiedliche Formen, je nachdem, ob es als Adjektiv oder Pronomen verwendet wird.
- Die Formen von *quello* als Adjektiv (vor einem Substantiv) leiten sich ☐ vom unbestimmten Artikel ☐ vom bestimmten Artikel ab. Dabei verhält sich das Adjektiv *quello* wie das Adjektiv *bello* (→ Kap. 10).
- Als Pronomen hat *quello* nur vier Formen: ________, ________, ________, ________.

ANWENDEN

1. **Ordnen Sie folgende Substantive dem jeweils passenden Adjektiv zu.**

taglia prezzo modelle sconti libri accessori zaino cappello commessa cravatte attrezzatura negozi ombrello stile abito agenda

quel	quello	quell' (*m*)	quei	quegli
______	______	______	______	______
______	______	______	______	______

quella	quell' (*w*)	quelle
______	______	______
______	______	______

2. **Lesen Sie folgenden Dialog und kreuzen Sie die jeweils richtige Option an.**

- ○ Buongiorno, vorrei vedere ☐ quelle / ☐ quegli scarpe in vetrina.
- ◆ Quali? ☐ Quelli / ☐ Quelle marroni?
- ○ Sì, esatto. Posso provare anche ☐ quell' / ☐ quel vestito nero?
- ◆ Sì, certo. Arrivo subito.
- ▲ Perché non provi anche ☐ quello / ☐ quella gonna? Secondo me, ti sta bene.
- ○ ☐ Quello / ☐ Quella rossa? Non mi piace molto... Preferisco ☐ quei / ☐ quelli pantaloni neri. Stanno bene con ☐ quelli / ☐ quei sandali grigi che ho preso a Roma.

3. **Vervollständigen Sie mit den Formen von *quello*.**

- ○ Giovanna, hai visto ________ maglione che mi ha regalato mia madre?
- ◆ ________ nero di lana? È in ________ armadio a destra.
- ○ Grazie mille! E sai dove sono le scarpe da tennis?
- ◆ ________ bianche? Sono in ________ zaino nero vicino alla porta.
- ○ Ah, sì... eccole!
- ◆ Ricordati di mettere in valigia ________ abito elegante che abbiamo comprato in ________ negozio del centro. Con ________ cravatta blu stai benissimo. Porta anche ________ mocassini che ti ho preso per il compleanno.

la conferenza	Konferenz	l'attrezzatura	Ausrüstung
la taglia	Größe	lo stile	Stil
il/la modello/-a	Model	l'abito (da uomo)	Anzug
lo sconto	Rabatt	l'agenda	Organizer, Terminplaner
gli accessori	Accessoires	i mocassini	Mokassins, Halbschuhe

★ 29 *Questo* oder *quello?*

Questo und *quello* (→ Kap. 27, 28) werden im Italienischen ganz deutlich voneinander unterschieden.

START

Lesen Sie den Dialog und unterstreichen Sie mit zwei verschiedenen Farben die Formen von *questo* und *quello*.

- ○ Questa torta è buonissima! L'hai fatta tu?
- ◆ No, l'ho comprata stamattina in quella pasticceria del centro storico.
- ○ Quale? Quella di via Marconi? La *Pasticceria del Corso*?
- ◆ Esatto, proprio quella là!

SEHEN

Sehen Sie sich jetzt die Tabelle an und ergänzen Sie die Lücken mit *questo* oder *quello*.

	Questo oder *quello?*	
räumlich	________ torta è buonissima. Di chi sono **questi** libri qui?	Ho comprato la torta in ________ pasticceria del centro storico. Di chi è **quella** maglietta là?
zeitlich	**Questa** settimana Luca torna dalle vacanze. **Quest'**estate andiamo al mare?	**Quella** sera ho conosciuto mio marito. Ti ricordi **quell'**estate del 2002? Che bei momenti!

Questo oder quello?

VERSTEHEN

Ergänzen Sie nun die folgenden Regeln.

- __________ verwendet man bei Personen oder Dingen, die sich in der Nähe des Sprechers befinden. Die räumliche Nähe kann auch durch Adverbien wie *qui* / *qua* *(hier)* betont werden.
- __________ verwendet man bei Personen oder Dingen, die vom Sprecher weiter weg sind. Die räumliche Entfernung kann auch durch Adverbien wie *lì* / *là* *(dort)* betont werden.
- __________ verwendet man zeitlich in Situationen, die die Gegenwart oder die nahe Zukunft betreffen.
- __________ verwendet man zeitlich in Situationen, die in der Vergangenheit liegen.

! *Questo* und *quello* können auch in Gegenüberstellungen verwendet werden.
Quale torta prendiamo? ***Questa*** *o* ***quella****?*

ANWENDEN

1. Antonella zeigt ihrer Freundin ihr neues Zuhause. Kreuzen Sie die jeweils richtige Option an.

- o ☐ Questa / ☐ Quella casa è davvero grande e arredata molto bene! Dove hai comprato ☐ questo / ☐ quel tavolo qui?
- ◆ È un regalo di mia madre. L'ha comprato in ☐ questo / ☐ quel negozio di arredamento di via Verdi. È ☐ questo / ☐ quello vicino al cinema in via Mazzini.
- o Ah sì, ho capito. E dove hai preso ☐ questo / ☐ quel tappeto là con ☐ questi / ☐ quei motivi orientali?
- ◆ È un regalo, viene dall'Iran.
- o È molto particolare. E ☐ questa / ☐ quella sedia qui è un pezzo d'antiquariato, vero?
- ◆ L'ho trovata a ☐ questo / ☐ quel mercato che fanno il sabato sul Naviglio Grande.
- o Ah, la Fiera di Sinigaglia...

2. **Lesen Sie folgende E-Mail und vervollständigen Sie sie mit den Formen von *questo* oder *quello*.**

Cara Antonella,
come stai? Spero tutto bene. Senti che cosa mi è successo oggi.
__________ estate, in agosto, io e mia sorella andiamo in Sardegna. Torniamo in __________ campeggio dove andavamo con i nostri genitori da bambine. Così stamattina sono andata in __________ agenzia di viaggi in centro, __________ vicino al cinema. E sai chi lavora lì? Ti ricordi __________ ragazzo che abbiamo conosciuto __________ sera quando siamo uscite insieme? Ecco __________ ragazzo lavora lì! Abbiamo parlato e mi ha invitata a prendere un caffè __________ settimana.
Ah, domani ho un colloquio di lavoro. Per __________ motivo ho comprato un paio di pantaloni grigi. Li metto con __________ giacca che abbiamo preso insieme l'autunno scorso. Che ne dici?
Lara

la pasticceria	Konditorei	orientale	orientalisch
arredato	möbliert	particolare	besonders, speziell
il negozio di l'arredamento	Einrichtungsgeschäft	il pezzo d'antiquariato	Antiquität, antikes Stück
il tappeto	Teppich	la Fiera di Sinigaglia	*ältester Flohmarkt in Mailand*
il motivo	*hier:* Muster, Motiv	il colloquio di lavoro	Bewerbungsgespräch

Indefinita

★ 30 *poco, molto/tanto, troppo*

Indefinitadjektive und -pronomen bezeichnen oder ersetzen Personen oder Dinge, die nicht genau bestimmt sind. *Poco* (*wenig*), *molto* (*viel*), *tanto* (*viel, so viel*), *troppo* (*zu viel*) bezeichnen eine nicht näher bestimmte Menge. Sie können als Adjektiv mit einem Substantiv verwendet werden. Als Pronomen können sie aber auch ein Substantiv ersetzen.

*Bevo **troppi** caffè. Mangio **poca** frutta.*

*Cristina pratica **tanto** sport e brucia **molte** calorie.*

START

Lesen Sie diesen Artikel und unterstreichen Sie alle Indefinitadjektive und -pronomen, wie im Beispiel.

POCHI CONSIGLI PER VIVERE BENE

Gli esperti consigliano di seguire una dieta equilibrata con tanta frutta, molte verdure e poca carne. I medici raccomandano di non esagerare con gli zuccheri: dolci sì, ma non molti. È importante bere molta acqua (almeno 2 litri al giorno), consumare pochi alcolici (max. un bicchiere di vino) e fare molto sport.

SEHEN

Sehen Sie sich jetzt die Tabellen an und ergänzen Sie die Lücken mit den fehlenden Endungen.

Adjektiv		
m	... fare **molt**___ sport. non bere **troppo** vino.	Non mangiare **tanti** dolci. ... consumare **poc**___ alcolici.
w	... bere **molt**___ acqua. ... un'alimentazione con **poc**___ carne.	Non bere **troppe** bevande gassate. ... un'alimentazione con **molt**___ verdure.

Pronomen		
	Singular	**Plural**
m	Quanto caffè bevi? Ne bevo **tanto**.	Dolci sì, ma non **molt**___.
w	La carne? Ne mangio **poca**.	Fumi 20 sigarette al giorno? Sono **troppe**!

VERSTEHEN

Ergänzen Sie nun die folgenden Regeln.

- *Poco*, *molto/tanto*, *troppo* (als Adjektive) stehen immer
  ☐ nach dem Substantiv. ☐ vor dem Substantiv.
- *Poco*, *molto/tanto*, *troppo* (als Adjektive und als Pronomen)
  ☐ bleiben unveränderlich. ☐ richten sich in Geschlecht und Zahl nach dem Substantiv, auf das sie sich beziehen.

ANWENDEN

1. **Lesen Sie Cristinas Profil und vervollständigen Sie es mit der jeweils richtigen Form des Indefinitadjektivs in Klammern.**

Cristina fa (molto) _________ movimento e trascorre (tanto) _________ ore in palestra. A tavola mangia (tanto) _________ pasta e (poco) _________ verdura, ma non è un problema perché con lo sport brucia (molto) _________ calorie. Non è mai a casa e passa (poco) _________ tempo davanti alla TV.

2. **Vervollständigen Sie den Dialog mit den fehlenden Indefinitadjektiven und -pronomen. Ein Wort bleibt übrig.**

poche | poca | troppo | molta | molta | tante | troppe | tanti | pochi

◆ Mamma, non ho _________ fame.

○ Ma come? Ho preparato _________ cose che vi piacciono: le lasagne, le patate al forno, il vitello tonnato...

◆ Non mi sento bene. Ieri sono stata alla festa di Carlo e ho bevuto _________ vino.

- ○ E tu, Alessio?
- ▲ Anche per me ________ pasta e poi ________ patate con la carne, per favore.
- ◆ Sei a dieta?
- ▲ No, ma cerco di consumare ________ carboidrati e mangiare ________ frutta. Ho smesso anche di fumare. Prima fumavo quasi 15–20 sigarette al giorno. Erano veramente ________!

! *Poco*, *molto/tanto*, *troppo* können auch als Adverbien verwendet werden. Als Adverbien definieren sie ein Verb, ein anderes Adverb oder ein Adjektiv näher (→ Kap. 13). In diesem Fall sind *poco*, *molto/tanto*, *troppo* unveränderlich.
*Ho mangiato **troppo** oggi.*
*Durante la settimana vado a letto tardi e dormo **poco**.*
*Mariella lavora **molto**.*
*Giovanni ha studiato **tanto** per avere un buon lavoro.*

3. Adjektiv oder Adverb? Kreuzen Sie die jeweils richtige Option an.

Caro Alex,
come va? Ieri la festa di Carlo è stata ☐ molto / ☐ molte bella. Carlo ha invitato ☐ molto / ☐ molte persone, ma io conoscevo solo ☐ poco / ☐ poca gente. Come sai, sono una ragazza ☐ molte / ☐ molto socievole, così ho avuto ☐ pochi / ☐ poco problemi a integrarmi! 😃 Da mangiare c'erano ☐ tanto / ☐ tanti antipasti diversi, ma purtroppo Carlo ha cucinato ☐ poco / ☐ poca pasta. Un amico ha preparato ☐ molto / ☐ molti cocktail diversi (alcolici e analcolici) e io li ho provati tutti. Alla fine ho bevuto ☐ troppa / ☐ troppo! Ho ballato ☐ molta / ☐ molto e ho conosciuto ☐ tante / ☐ tanto persone. La prossima volta devi venire anche tu!
Un abbraccio,
Cristina

bruciare calorie	Kalorien verbrennen	consumare	verzehren
il consiglio	Rat	trascorrere	verbringen
consigliare	raten	il carboidrato	Kohlenhydrat
equilibrato	ausgewogen	socievole	gesellig
raccomandare	empfehlen	integrarsi	*hier:* sich in eine Gruppe integrieren
esagerare	übertreiben		

★ 31 *tutto* + Artikel

Tutto *(alles, ganz)* kann sowohl als Adjektiv in Verbindung mit einem Substantiv als auch als Pronomen verwendet werden. Die Bedeutung ändert sich, je nachdem, ob *tutto* im Singular oder im Plural verwendet wird.

*È una tradizione importante per **tutta** la regione.*

***Tutto** è pronto per la festa di domani.*

START

Lesen Sie den Text und unterstreichen Sie die Formen von *tutto*.

Scopri tutto sul famoso Palio di Siena!

Tutti gli anni in luglio e in agosto si tiene la competizione del Palio. A questa tradizione partecipano tutte le contrade di Siena che si sfidano in una corsa di cavalli. Tutto il giorno è dedicato a questo evento: si inizia alle 7.45 con le prove generali e si finisce con la gara. Tutti indossano gli abiti medievali e c'è un'atmosfera magica! Il Palio di Siena non è solo un evento turistico, ma una tradizione storica importante per tutta la regione.

SEHEN

Sehen Sie sich jetzt die Tabellen an und ergänzen Sie die Lücken mit den Formen von *tutto* aus dem Text.

Adjektiv	
Singular	**Plural**
tutto l'anno (= das ganze Jahr)	________ gli anni (= jedes Jahr)
________ il giorno (= den ganzen Tag)	**tutti** i giorni (= jeden Tag)
tutta la contrada (= der ganze Bezirk)	________ le contrade (= alle Bezirke)
________ la regione (= die ganze Region)	**tutte** le regioni (= alle Regionen)

Pronomen	
Singular	**Plural**
Scopri ________ (= alles) sul Palio di Siena!	________ (= alle) indossano abiti medievali. ◆ Ci sono anche le tue colleghe alla festa? ○ Sì, vengono **tutte** (= alle, *w*).

VERSTEHEN

Ergänzen Sie nun die folgenden Regeln.

- Als Adjektiv steht *tutto/-a/-i/-e* ☐ ohne Artikel ☐ mit dem bestimmten Artikel vor einem Substantiv.
- Die Endung von *tutto* als Adjektiv ☐ richtet sich nach dem Substantiv. ☐ bleibt unverändert.
- Als Pronomen wird *tutto* ☐ mit dem bestimmten Artikel ☐ ohne Begleitwörter benutzt. Im Singular bedeutet *tutto* ☐ alles. ☐ alle. Im Plural bedeutet es ☐ alles. ☐ alle. *Tutte* bezieht sich nur auf weibliche Personen und Dinge.

ANWENDEN

1. **Vervollständigen Sie die E-Mail mit der jeweils passenden Endung und dem korrekten Artikel.**

Ciao Marta,
ieri sono andata da Beatrice per il Palio e sono rimasta lì tutt___ ____ giorno. È stata un'esperienza unica! A Siena tutt___ ____ strade erano piene di gente proveniente non solo da tutt___ ____ Italia, ma da tutt___ ____ mondo. In tutt___ ____ città c'era un'atmosfera di festa! Beatrice abita vicino a Piazza del Campo e dal balcone di casa sua si vede tutt___ ____ piazza. Così ho visto tutt___ ____ spettacolo del Palio! La sera la mia amica ha organizzato una cena con tutt___ ____ famiglia e tutt___ ____ suoi amici e poi abbiamo fatto una passeggiata in città.
A presto!
Lucia

2. **Bringen Sie die Satzteile in die jeweils richtige Reihenfolge.**
   a. tutto – la – festa. – Ho – per – preparato
   ____
   b. argomento. – tutti – Ho – i – letto – su questo – libri
   ____
   c. Cristina – tutti – finito – esami. – gli – ha
   ____
   d. città. – importante – per tutta – una – tradizione – la – È
   ____
   e. il – Ha – tutto – lavorato – giorno.
   ____

3. **Ergänzen Sie mit *tutto/-a/-i/-e* und, wo nötig, den Artikel des Substantivs.**

Per ____________ italiani Ferragosto è sinonimo di estate. ____________ si ferma e quasi ____________ negozi sono chiusi. Il 15 agosto è l'occasione perfetta per andare in vacanza o visitare una città con ____________ famiglia. E naturalmente ____________ hanno questa idea! ____________ anni la situazione non cambia: ____________ alberghi sono pieni, ____________ autostrade sono molto trafficate e ____________ sono molto nervosi!

il Palio	*hier:* Pferderennen	medievale	mittelalterlich
la competizione	Wettkampf	lo spettacolo	*hier:* Schauspiel
la contrada	Stadtbezirk	l'argomento	Thema
sfidarsi	herausfordern	fermarsi	*hier:* stehen bleiben
la corsa di cavalli	Pferderennen	l'occasione	Anlass, Gelegenheit
la prova generale	Generalprobe	trafficato	befahren
la gara	Wettkampf	nervoso	*hier:* reizbar

★ 32 *alcuni, qualche*

Alcuni/-e und *qualche* drücken eine unbestimmte Menge aus.
Beide bedeuten *einige, ein paar.*
*Buongiorno, vorrei **alcune** informazioni.*
*Abbiamo comprato **qualche** prodotto tipico.*

START

Lesen Sie den Dialog und unterstreichen Sie *alcuni/-e* und *qualche* sowie die Endungen der nachfolgenden Substantive.

- ○ Buongiorno. Senta, vorrei alcune informazioni.
- ◆ Prego, mi dica.
- ○ Siamo qui in vacanza per qualche giorno e vogliamo visitare il Parco Nazionale della Majella. Ci può dare qualche indicazione sui mezzi di trasporto pubblici?
- ◆ Certo, volentieri. Ci sono alcuni autobus che partono da Teramo oppure da Pescara. Ecco qui gli orari e i prezzi.

SEHEN

Sehen Sie sich jetzt die Tabelle an und ergänzen Sie mit *alcuni/-e* und *qualche*.

qualche / alcuni		
Vorrei **qualche** informazione.	=	Vorrei ___________ informazioni.
Siamo in vacanza per ___________ giorno.	=	Siamo in vacanza per **alcuni** giorni.
Ci può dare ___________ indicazione?	=	Ci può dare **alcune** indicazioni?
C'è **qualche** autobus.	=	Ci sono ___________ autobus.

VERSTEHEN

Ergänzen Sie nun die folgenden Regeln.

- *Qualche* ist ☐ veränderlich. ☐ unveränderlich. Danach folgt immer ein Substantiv ☐ im Singular. ☐ im Plural.
- *Alcuni/-e* wird immer von einem Substantiv ☐ im Singular ☐ im Plural begleitet und an dessen Geschlecht angeglichen.

! Anders als *qualche*, das ausschließlich als Adjektiv verwendet wird, kann *alcuni/-e* auch als Pronomen gebraucht werden.
***Alcuni** dei miei amici vivono in Abruzzo.* (Einige meiner Freunde leben in den Abruzzen.)

ANWENDEN

1. **Tiziana bereitet das Picknick für den Ausflug im Nationalpark Majella vor. Kreuzen Sie die jeweils richtige Option an.**

"Allora, per il pic-nic di domani prendiamo ☐ qualche / ☐ alcuni panini, ☐ qualche / ☐ alcune bottiglia d'acqua, ☐ qualche / ☐ alcune bibite e ☐ qualche / ☐ alcuni succo. Non deve mancare la frutta, quindi prendiamo ☐ qualche / ☐ alcune mela e ☐ qualche / ☐ alcune arancia. Al supermercato prendiamo anche ☐ qualche / ☐ alcune ciliegie che piacciono ai bambini. Dobbiamo comprare anche ☐ qualche / ☐ alcuni bicchieri di plastica riutilizzabili e ☐ qualche / ☐ alcuni tovaglioli. Magari prendiamo anche ☐ qualche / ☐ alcuni piatto di carta."

2. Vervollständigen Sie mit *qualche* oder *alcuni/-e*.

alcune alcune alcuni alcuni qualche qualche qualche

Parco della Majella: cultura, natura e sport. Nel Parco si trovano ben 7 riserve naturali e ____________ attrazioni turistiche, tra le più belle in Abruzzo. Il Parco Nazionale offre agli sportivi ____________ sentieri per fare lunghe passeggiate e ____________ pista da sci. La zona è perfetta per le famiglie: si possono visitare ____________ paesi come Sulmona, Corfinio e Manoppello dove si possono vedere ____________ chiese, ____________ castello e ____________ sito archeologico da non perdere.

3. Lesen Sie Tizianas E-Mail und ergänzen Sie mit *qualche* oder *alcuni/-e*.

Ciao Lucia,
ieri siamo stati al Parco della Majella. Che bella giornata! In autobus abbiamo conosciuto ____________ ragazze che ci hanno dato ____________ consiglio e ci hanno mostrato ____________ itinerari. Alberto e Giulia si sono divertiti tanto: abbiamo ammirato ____________ tipi di fiori e abbiamo visto ____________ animali e anche ____________ aquila! Il pomeriggio siamo andati a Sulmona: abbiamo provato ____________ prodotto tipico e abbiamo comprato ____________ dolci per la nonna. Quando torno, ti faccio vedere ____________ fotografia!
A presto,
Tiziana

l'indicazione w	Hinweis	il sentiero	Weg
mancare	fehlen	il castello	Burg, Schloss
la ciliegia	Kirsche	il consiglio	Rat
riutilizzabile	wiederverwendbar	l'itinerario	Weg, Route
il piatto di carta	Pappteller	ammirare	bewundern
la riserva naturale	Naturschutzgebiet	l'aquila	Adler
l'attrazione turistica	Touristenattraktion		

★ 33 *qualcuno, nessuno*

Qualcuno (*jemand, irgendjemand*) und *nessuno* (*niemand, kein*) ersetzen Personen, die der Sprecher nicht genauer bestimmen kann oder will. *Qualcuno* verwendet man nur als Pronomen. *Nessuno* verwendet man als Pronomen oder als Adjektiv.

*Hai visto **qualcuno** ieri sera?*
***Nessuno** viene al concerto domani.*
*Non ho **nessun** programma per il fine settimana.*

START

Lesen Sie den Dialog und unterstreichen Sie *qualcuno* und *nessuno*.

- ○ Lorella e Alice non possono più venire al concerto dei *RiBelli*. Conosci qualcuno che è interessato a due biglietti?
- ◆ No, non mi viene in mente nessuno. Ma non ti preoccupare, non c'è nessun problema. Li puoi vendere su Internet, sicuramente trovi qualcuno che li vuole.
- ○ Ottima idea! Provo a mettere un annuncio su qualche sito.
- ◆ Puoi vendere i biglietti a un prezzo più basso, magari a 10–15 € in meno.

SEHEN

Sehen Sie sich jetzt die Tabellen an und ergänzen Sie mit den Formen von *qualcuno/-a* und *nessuno/-a*, die Sie unterstrichen haben.

	Pronomen
qualcuno/-a	Conosci ______________ interessato a due biglietti? Sicuramente trovi ______________ che li vuole. Ragazze, **qualcuna** di voi viene al concerto?
nessuno/-a	Non mi viene in mente ______________. **Nessuno** ha tempo di venire al concerto stasera. Le mie amiche amano la band *RiBelli*, ma **nessuna** ha tempo di venire.

Adjektiv			
männlich		**weiblich**	
un problema	_______ problema	**una** casa	**nessuna** casa
un amico	**nessun** amico	**un'**amica	**nessun'**amica
uno sport	**nessuno** sport		

VERSTEHEN

Ergänzen Sie nun die folgenden Regeln.

- *Qualcuno/-a* und *nessuno/-a* werden ☐ nur im Singular ☐ im Singular und im Plural gebraucht.
- Verwendet man *nessuno* in Verbindung mit einem Verb, steht *non* ☐ vor dem konjugierten Verb. ☐ nach dem konjugierten Verb.
- Steht *nessuno/-a* ☐ am Anfang des Satzes ☐ am Ende des Satzes, dann ist keine Verneinung mit *non* nötig.
- Als Adjektiv (vor einem Substantiv) verhält sich *nessuno* wie ☐ der bestimmte Artikel. ☐ der unbestimmte Artikel.

ANWENDEN

1. **Bringen Sie folgende Satzteile in die jeweils richtige Reihenfolge.**
   a. conosco – Roma – non – Qui – nessuno. – a

   ____

   b. ha – Qualcuno – per comprare – biglietti. – chiamato – i tuoi

   ____

   c. libro. – consigliato – mi – Qualcuno – ha – questo

   ____

   d. domani sera. – nessun – per – appuntamento – Non – ho

   ____

   e. concerto. – è – al – Nessuno – andato

   ____

2. **Lesen Sie Martinas Erzählung und kreuzen Sie die jeweils richtige Option an.**

"La scorsa settimana ☐ nessuna / ☐ qualcuna delle mie amiche voleva venire al concerto. Così ho messo i biglietti online per trovare ☐ nessuno / ☐ qualcuno interessato. Dopo un'ora due ragazzi mi hanno contattata: non riuscivano a trovare i biglietti in ☐ nessuna / ☐ nessuno biglietteria. Alla fine ho chiesto loro se volevano venire al concerto con me perché non avevo ☐ nessuno / ☐ nessuna voglia di andarci da sola. La serata è andata bene fino ad un certo punto: mentre ballavo, ☐ qualcuno / ☐ nessuno mi ha spinta. Quando mi sono girata, non ho visto ☐ qualcuno / ☐ nessuno. Ho continuato a ballare fino a mezzanotte quando il concerto è finito. Stavo per prendere il taxi per tornare a casa, quando ho visto che ☐ qualcuno / ☐ nessuno mi aveva rubato il portafoglio! Così sono dovuta andare alla polizia per fare la denuncia. Ho passato il resto della serata in questura e poi è venuta a prendermi una mia amica."

3. Vervollständigen Sie den Dialog zwischen Martina und dem Polizisten mit *qualcuno* oder *nessuno*.

- ○ Prego, signora. Mi dica.
- ◆ Dunque, ______________ mi ha rubato il portafoglio. Dentro c'erano documenti importanti e le mie carte di credito.
- ○ Signora, non c'è ______________ motivo di agitarsi. Ora troviamo una soluzione. Com'è successo?
- ◆ Ero a un concerto. Stavo ballando quando ______________ mi ha spinta.
- ○ Ha notato qualcosa di strano o ______________ di sospetto?
- ◆ No. Quando mi sono girata, non ho visto ______________. Ero con due ragazzi, ma alla fine del concerto non li ho più visti. Li ho chiamati al telefono, ma non ha risposto ______________.
- ○ Allora, ora facciamo la denuncia e poi può andare a casa. Vuole chiamare ______________ della sua famiglia?
- ◆ A casa non c'è ______________. Chiamo un'amica che mi viene a prendere. Mi contattate Voi?
- ○ Sì, non si preoccupi. Abbiamo il Suo indirizzo e il Suo numero di telefono. Ora iniziamo le ricerche e La avvisiamo quando sappiamo qualcosa.

venire in mente	einfallen	il motivo	*hier:* Grund
consigliare	raten	agitarsi	sich aufregen
spingere	stoßen	la soluzione	Lösung
girarsi	sich umdrehen	di sospetto	verdächtig
rubare	klauen	la denuncia	Anzeige
il portafoglio	Geldbeutel	avvisare	Bescheid geben
la questura	Polizeipräsidium		

★ 34 *che* und *cui*

Wie im Deutschen ersetzen die Relativpronomen ein zuvor genanntes Substantiv und verbinden zwei Sätze miteinander.
È un piccolo paese. Il paese si trova vicino a Trapani.
= È un piccolo paese ***che*** *si trova vicino a Trapani.*
Die wichtigsten Relativpronomen sind *che* und *cui*. Sie können sowohl für Personen als auch für Dinge stehen.

START

Lesen Sie die E-Mail und unterstreichen Sie *che* und *cui* mit zwei verschiedenen Farben.

Ciao Mattia,
ti mando il link dell'albergo di cui ti ho parlato. Se decidete di andare a Trapani, visitate anche Erice che è un piccolo paese medievale a 700 metri di altezza. Potete passeggiare tra le stradine strette, comprare qualche souvenir e ammirare il panorama dall'alto...
Ti consiglio di visitare il Museo Comunale in cui potete vedere una piccola collezione di resti archeologici. Se non volete andare in auto, c'è una funivia che vi porta direttamente a Erice.
Salvatore

SEHEN

Sehen Sie sich jetzt die Tabelle an und ergänzen Sie die Lücken mit *che* und *cui*.

Relativpronomen
Visitate Erice ________ è un piccolo paese medievale. C'è una funivia ________ vi porta direttamente a Erice. Ho prenotato l'albergo **che** mi hai consigliato.
Ti mando il link dell'albergo di ________ ti ho parlato. Ti consiglio di visitare il Museo Comunale in ________ potete vedere una piccola collezione di resti archeologici.

VERSTEHEN

Ergänzen Sie nun die folgenden Regeln.

- ________ verwendet man ohne Präposition als Subjekt oder direktes Objekt.
- ________ verwendet man mit einer Präposition als indirektes Objekt.
- *Che* und *cui* sind in der Form ☐ veränderlich. ☐ unveränderlich.

ANWENDEN

1. **Mattia erkundigt sich im Forum nach den Stränden in der Nähe von Trapani. Ergänzen Sie mit folgenden Relativpronomen.**

per cui | che | che | che | in cui | con cui

Mattia: Conoscete una bella spiaggia non turistica in zona Trapani?
Aldo: Ti consiglio la Baia di Santa Margherita __________ si trova a pochi minuti da San Vito Lo Capo. È una spiaggia __________ mi piace molto perché è tranquilla, il mare è pulito e soprattutto non è affollata (è il motivo __________ preferisco questa spiaggia!). Non è difficile da trovare e c'è un trenino __________ puoi arrivare direttamente alla baia. In spiaggia c'è anche un piccolo chiosco __________ noleggia ombrelloni, vende gelati e panini.
Se decidi di andare in Sicilia, vai in luglio o in settembre. Agosto è un mese __________ tutti vanno in vacanza. Buona vacanza!

2. **Verbinden Sie die Sätze mit *che* oder *cui* + Präposition.**

Esempio: Ho un amico. Questo amico abita in Sicilia.
Ho un amico **che** abita in Sicilia.

a. Ho dormito in un albergo. L'albergo era molto economico.

____

b. Il Marsala è un vino liquoroso. Questo vino si produce in provincia di Trapani.

____

c. Abbiamo conosciuto la famiglia Alberti. Con la famiglia abbiamo fatto una gita.

____

d. Salvatore è un amico. A questo amico ho chiesto consigli per la vacanza.

____

3. Lesen Sie Mattias E-Mail und kreuzen Sie die jeweils richtige Option an.

Ciao Salvatore,
grazie per le informazioni utili ☐ a cui / ☐ che mi hai inviato.
Alla fine non ho pernottato nell'albergo ☐ che / ☐ in cui mi hai consigliato perché non avevano camere libere. Tuttavia la pensione ☐ che / ☐ in cui ho dormito era carina e pulita. Trapani è una città piccola ma graziosa ☐ di cui / ☐ che offre gli ingredienti per una vacanza perfetta: spiagge bianche, mare pulito e buona cucina. Ho provato anche le specialità ☐ che / ☐ di cui mi avevi parlato come il couscous alla trapanese. A Trapani ho conosciuto alcuni ragazzi simpatici ☐ che / ☐ con cui ho fatto una gita a Erice e Marsala. Ti mando alcune foto dell'escursione ☐ a cui / ☐ che ho partecipato.
A presto,
Mattia

medievale	mittelalterlich	il chiosco	Kiosk
ammirare	bewundern	noleggiare	mieten
la collezione	Sammlung	l'ombrellone *m*	Sonnenschirm
la funivia	Seilbahn	il vino liquoroso	Likörwein
la baia	Bucht	la gita	Ausflug
affollato	überfüllt	pernottare	übernachten
il motivo	Grund		

35 Verben auf *-are, -ere, -ire*

Italienische Verben bestehen aus einem Stamm und einer Endung:
parlare → *parl-* (Stamm) + *-are* (Endung).
Nach ihrer Infinitivendung werden die italienischen Verben in drei Gruppen eingeteilt: Verben auf *-are* (*parlare*), *-ere* (*prendere*) und *-ire* (*dormire*).
Jede dieser Verbgruppen hat ein eigenes Konjugationsmuster. Dabei werden die Endungen an den Stamm der Verbform angehängt:
parlare → *parl* + *o* → *(io) parlo.*
Alessandro ***parla*** *il giapponese.*

START

Lesen Sie die Anzeige und unterstreichen Sie alle konjugierten Verben.

Ciao a tutti,
io e la mia amica Claudia viviamo qui a Roma da un mese. Cerchiamo uno studente / una studentessa per uno scambio linguistico (italiano-tedesco). Io frequento un corso d'italiano da 3 anni (livello B1), Claudia studia la lingua da poco tempo (livello A1) e non parla ancora molto bene. Offriamo aiuto in tedesco.
Katha95@mail.de

SEHEN

Sehen Sie sich jetzt die Tabelle an und ergänzen Sie die Lücken mit den drei passenden Verben.

	parlare	vivere	offrire
(io)	parlo	vivo	offro
(tu)	parli	vivi	offri
(lui/lei/Lei)	______	vive	offre
(noi)	parliamo	______	______
(voi)	parlate	vivete	offrite
(loro)	parlano	vivono	offrono

VERSTEHEN

Ergänzen Sie nun die folgenden Regeln.

- Bei den Verben aller drei Gruppen sind die Endungen von drei Personen immer gleich: Die Endung ______ für die 1. Person Singular, ______ für die 2. Person Singular und ______ für die 1. Person Plural.
- Die Höflichkeitsform (Sie, Singular) entspricht der ☐ 1. Person Singular. ☐ 2. Person Singular. ☐ 3. Person Singular.

! Bei den Verben auf *-care* (*cercare*) und *-gare* (*pagare*) wird ein *-h-* in der 2. Person Singular *tu* (*cerchi*, *paghi*) und in der 1. Person Plural *noi* (*cerchiamo*, *paghiamo*) eingefügt.
Bei den Verben auf *-ciare* (*cominciare*) und auf *-giare* (*mangiare*) verschmilzt das *-i-* des Stammes mit dem *-i-* der Endung, d. h. die Formen der 2. Person Singular *tu* und der 1. Person Plural *noi* weisen nur ein *-i-* auf:
mangiare → *tu mangi*, *noi mangiamo*

ANWENDEN

1. **Lösen Sie das Rätsel mit den passenden Verbformen. Die dunkel hinterlegten Kästchen ergeben den Namen einer italienischen Region.**

a. voi / spendere
b. tu / giocare
c. io / vendere
d. lei / mangiare
e. loro / aprire
f. lui / cantare
g. loro / sentire
h. noi / cercare

2. **Eine italienische Berühmtheit. Lesen Sie das Profil von Laura Pausini und kreuzen Sie die jeweils richtige Verbform an.**

Laura Pausini ☐ nasco / ☐ nasce in Emilia-Romagna. A 19 anni ☐ partecipi / ☐ partecipa al Festival di Sanremo e ☐ vince / ☐ vinco con la canzone *La solitudine*. Il successo ☐ arrivo / ☐ arriva anche all'estero: molti paesi in Europa e in Sudamerica ☐ amiamo / ☐ amano la cantante italiana che ☐ riceve / ☐ ricevi premi come il *Grammy Award* e il *World Music Award*. Laura Pausini ☐ scrivi / ☐ scrive le sue canzoni e ☐ canta / ☐ canti in italiano, in spagnolo e in inglese. ☐ Partecipo / ☐ Partecipa a talent-show come *La Voz* in Messico. Non ☐ abiti / ☐ abita in Italia. Lei, il suo compagno e sua figlia ☐ vivete / ☐ vivono a Miami.

3. **Anna antwortet auf Katharinas Anzeige. Vervollständigen Sie die E-Mail mit dem jeweils passenden Verb in der richtigen Form.**

cercare | amare | mangiare | praticare | giocare | studiare
prendere | leggere | suonare | partire | abitare | cantare

Ciao,

mi chiamo Anna e ____________ Lingue all'università. ____________ con la mia amica Laura qui a Roma. (Noi) ____________ due ragazze per uno scambio linguistico (a ottobre ____________ per Klagenfurt con il programma Erasmus). Nel tempo libero (io) ____________ in un coro e ____________ il violino. Inoltre, ____________ la letteratura tedesca e ____________ molti libri. Laura, invece, è una ragazza sportiva: ____________ lo yoga e ____________ a pallavolo. Perché (noi) non ____________ un caffè o ____________ una pizza insieme la prossima settimana?

A presto!

Anna

lo scambio linguistico	Sprachaustausch	vincere	gewinnen
offrire	bieten, anbieten	il successo	Erfolg
l'aiuto	Hilfe	il premio	Preis
spendere	ausgeben	il coro	Chor
vendere	verkaufen	la pallavolo	Volleyball

36 Verben auf *-ire* mit Stammerweiterung

Einige Verben auf *-ire* wie *capire* (*verstehen*), *finire* (*enden, beenden*), *preferire* (*bevorzugen*) erweitern den Stamm durch das Einfügen der Silbe *-isc-*.

*Daniele non **capisce** il portoghese.*

*Il film **finisce** alle 22.30.*

***Preferisco** mangiare una pizza.*

START

Lesen Sie den Dialog und unterstreichen Sie die Formen von *capire*, *finire*, *preferire*.

◆ Elisa, ho i biglietti per il cinema, ma il film è in lingua originale.

○ Ma come? Io il portoghese non lo capisco!

◆ Tranquilla, ci sono i sottotitoli... Senti, che facciamo? Mangiamo prima o dopo il film? Lo spettacolo non finisce tardi, verso le 22.

○ Io preferisco mangiare qualcosa dopo il cinema, magari una pizza. Per te va bene?

◆ Sì, allora facciamo così!

○ Va bene. Domani esco dal lavoro alle 18.00. Vado a casa, mi preparo velocemente e verso le 19.30 sono a casa tua. Passo a prenderti in auto.

◆ OK. Mi raccomando, cerca di essere puntuale. A domani sera!

36 Verben auf *-ire* mit Stammerweiterung

SEHEN

Sehen Sie sich jetzt die Tabelle an und ergänzen Sie die Lücken mit den Formen der Verben, die Sie unterstrichen haben.

	capire	finire	preferire
(io)	___________	finisco	___________
(tu)	capisci	finisci	preferisci
(lui/lei/Lei)	capisce	___________	preferisce
(noi)	capiamo	finiamo	preferiamo
(voi)	capite	finite	preferite
(loro)	capiscono	finiscono	preferiscono

VERSTEHEN

Ergänzen Sie nun die folgenden Regeln.

- Die Silbe *-isc-* wird bei allen Personen ☐ im Singular ☐ im Plural sowie in der ☐ 2. Person Plural ☐ 3. Person Plural vor der Endung hinzugefügt.
- Die 1. und 2. Person Plural weisen ☐ eine Stammerweiterung ☐ keine Stammerweiterung auf.

ANWENDEN

1. **Auch die Verben *pulire (putzen)* und *spedire (schicken)* weisen die Stammerweiterung mit *-isc-* auf. Vervollständigen Sie die Tabelle.**

	pulire	spedire
(io)	pul____o	sped_______
(tu)	pul_______	sped_______
(lui/lei/Lei)	pul_______	sped____e
(noi)	pul_______	spediamo
(voi)	pulite	sped_______
(loro)	pul____ono	sped_______

2. Ergänzen Sie mit den Verben in Klammern.

1. ◆ A che ora (tu / finire) ____________ di lavorare stasera?
   o Mah, credo alle 8.
   ◆ Andiamo a mangiare una pizza?
   o (io / preferire) ____________ mangiare a casa.

2. ◆ Ragazzi, la nostra lezione inizia alle 18.30 e (finire) ____________ alle 20. Se non (voi / capire) ____________ qualcosa, alzate la mano e chiedete.

3. ◆ In questo periodo Cristiano e Barbara sono molto nervosi e (reagire) ____________ male per qualsiasi cosa.

4. o Il nostro coinquilino non (pulire) ____________ mai la cucina e lascia tutto in disordine.

5. ◆ Cristina e Marcello (preferire) ____________ studiare in biblioteca. Io, invece, mi concentro di più a casa.

il sottotitolo	Untertitel	alzare	(hoch)heben
lo spettacolo	*hier:* Vorstellung	nervoso	*hier:* reizbar
mi raccomando	*hier:* bitte, denk daran	reagire	reagieren

★ 37 Wichtige unregelmäßige Verben

Im Italienischen gibt es einige Verben, die im Präsens und in anderen Zeiten unregelmäßig sind. Oft handelt es sich um sehr gebräuchliche Verben, wie z. B. *essere (sein)*, *avere (haben)*, *andare (gehen)* und *venire (kommen)*.

◆ *Domani **vado** al lago. **Vieni** con me? Non **è** lontano.*

o *Scusa, ma non **ho** tempo.*

START

Lesen Sie den Dialog und unterstreichen Sie alle konjugierten Verben.

o Tu che cosa fai di solito nel fine settimana?

◆ Il fine settimana non sono quasi mai a casa. Io e mia madre abbiamo un abbonamento a teatro e spesso il venerdì andiamo a vedere uno spettacolo insieme. Ormai è una nostra tradizione. Il sabato faccio spesso una gita fuori porta, al lago, in montagna o in una città d'arte. E tu?

- Mah, il venerdì sera rimango a casa. A volte alcuni amici vengono a cena da me. Il sabato vado al cinema con le amiche o esco con Giulio, il mio ragazzo. Andiamo in centro e beviamo qualcosa. La domenica sera di solito sono stanca e sto a casa a guardare un film o una serie TV.

SEHEN

Sehen Sie sich jetzt die Tabellen an und ergänzen Sie die Lücken mit den Verben, die Sie unterstrichen haben.

	andare *gehen*	**avere** *haben*	**bere** *trinken*
(io)	___	ho	bevo
(tu)	vai	hai	bevi
(lui/lei/Lei)	va	ha	beve
(noi)	___	___	___
(voi)	andate	avete	bevete
(loro)	vanno	hanno	bevono

	essere *sein*	**fare** *tun/machen*	**rimanere** *bleiben*
(io)	___	___	___
(tu)	sei	___	rimani
(lui/lei/Lei)	___	fa	rimane
(noi)	siamo	facciamo	rimaniamo
(voi)	siete	fate	rimanete
(loro)	sono	fanno	rimangono

	stare *stehen, bleiben*	**uscire** *ausgehen*	**venire** *kommen*
(io)	___	___	vengo
(tu)	stai	esci	vieni
(lui/lei/Lei)	sta	esce	viene
(noi)	stiamo	usciamo	veniamo
(voi)	state	uscite	venite
(loro)	stanno	escono	___

(→ Verbtabellen ab S. 177)

VERSTEHEN

Ergänzen Sie nun die folgenden Regeln.

- Bei den unregelmäßigen Verben im Präsens ☐ ändern sich die Endungen. ☐ ändert sich in der Regel der Stamm.
- Leider gibt es keine festen Regeln für die unregelmäßigen Verben. Sie müssen auswendig gelernt werden.

ANWENDEN

1. ***Avere*** **oder** ***essere*****? Kreuzen Sie die jeweils richtige Option an.**

"☐ Ho / ☐ Sono Amélie e ☐ ho / ☐ sono francese di Manosque, una città in Provenza. ☐ Ho / ☐ Sono 24 anni e ☐ ho / ☐ sono in Italia da un anno perché il mio ragazzo ☐ ha / ☐ è italiano. Lui ☐ ha / ☐ è 27 anni, ☐ ha / ☐ è alto, moro e ☐ ha / ☐ è gli occhi verdi. ☐ Ha / ☐ È un tipo sportivo e ☐ ha / ☐ è molti hobby: gioca a basket, va in barca, fa surf. Io e Giulio ☐ abbiamo / ☐ siamo un piccolo negozio di alimentari e lavoriamo lì. ☐ Abbiamo / ☐ Siamo anche un cane, Rolf: ☐ ha / ☐ è dolcissimo! ☐ Ho / ☐ Sono soddisfatta della mia vita. Solo a volte ☐ ho / ☐ sono nostalgia della mia famiglia."

2. Finden Sie die Formen der unregelmäßigen Verben und tragen Sie sie neben den entsprechenden Personen ein. Die übrig gebliebenen Buchstaben ergeben den Namen eines typisch italienischen Produkts.

io ______________
io ______________
tu ______________
lui/lei ______________
noi ______________
voi ______________
voi ______________
loro ______________
loro ______________

P	R	I	M	A	N	G	O
B	E	V	I	A	R	M	I
V	S	T	I	A	M	O	G
A	F	A	T	E	I	A	E
D	S	I	E	T	E	N	S
O	O	H	A	N	N	O	C
V	E	N	G	O	N	O	E

Lösung: __________

3. Vervollständigen Sie den Dialog zwischen Amélie und ihren Freundinnen mit den Verben in Klammern.

◆ Che cosa (voi / fare) ____________ stasera di bello?

○ Mah, io (uscire) ____________ con un'amica che (venire) ____________ a Parma per il fine settimana. Arriva oggi pomeriggio e (rimanere) ____________ fino a lunedì mattina. Forse (noi / andare) ____________ a mangiare una pizza.

◆ E tu, Cristina?

▲ Non (io / avere) ____________ programmi per stasera. (io / rimanere) ____________ a casa anche perché (io / essere) ____________ un po' stanca.

◆ Perché non (voi / venire) ____________ tutti da noi dopo cena? Non (noi / fare) ____________ nulla di speciale, (noi / bere) ____________ qualcosa e (noi / stare) ____________ un po' insieme.

l'abbonamento	Abonnement	la barca	Boot
lo spettacolo	Vorstellung	il negozio di alimentari	Lebensmittelgeschäft
ormai	jetzt, bereits		
moro	dunkelhaarig	soddisfatto	zufrieden

38 Reflexive Verben

Reflexive (= rückbezügliche) Verben kommen in allen drei Konjugationen (*-are*, *-ere*, *-ire*) vor. Erkennbar sind sie am Reflexivpronomen *-si*, das an den Infinitiv (Grundform) angehängt wird.

preparare → -are + si → -arsi → prepararsi (sich vorbereiten)

***Mi preparo** e faccio colazione.*

START

Lesen Sie die E-Mail und unterstreichen Sie alle reflexiven Verben.

Ciao Alex,
qui a Oxford mi trovo bene. Il corso è interessante, imparo molto e dormo poco! La mattina non mi alzo presto (verso le 8.00), mi preparo e vado a lezione. All'una pranzo con gli altri ragazzi e poi mi metto a studiare. La sera vado con alcuni compagni in un pub: parliamo un po' e ci divertiamo un sacco. Ah, ho conosciuto una ragazza svedese: si chiama Hannah e vuole venire in Italia a lavorare per un anno. Chissà... E tu, ti diverti a Torino? Ci vediamo quando torno!
Marco

SEHEN

Sehen Sie sich jetzt die Tabelle an und ergänzen Sie die Lücken mit den passenden Verben, die Sie unterstrichen haben.

	prepararsi	**mettersi**	**divertirsi**
(io)	________	________	**mi** diverto
(tu)	**ti** prepari	**ti** metti	________
(lui/lei/Lei)	**si** prepara	**si** mette	**si** diverte
(noi)	**ci** prepariamo	**ci** mettiamo	________
(voi)	**vi** preparate	**vi** mettete	**vi** divertite
(loro)	**si** preparano	**si** mettono	**si** divertono

VERSTEHEN

Ergänzen Sie nun die folgenden Regeln.

- Die Endungen der reflexiven Verbformen ☐ sind in allen Verbgruppen gleich. ☐ entsprechen jener der drei regelmäßigen Verbgruppen (*-are*, *-ere*, *-ire*).
- Die Reflexivpronomen stehen unmittelbar ☐ vor ☐ nach dem Verb.
- Die Verneinung *non* steht unmittelbar ☐ vor ☐ nach dem Reflexivpronomen.
- Unregelmäßige Verbe werden wie gewohnt konjugiert:
  farsi *la doccia* → ***fare*** **+ *si*** → ***mi faccio*** *la doccia*.

Die meisten italienischen reflexiven Verben sind auch im Deutschen reflexiv, wie z. B.: *divertirsi* (sich amüsieren), *rilassarsi* (sich entspannen). Es gibt jedoch einige Verben, die nur im Italienischen reflexiv gebraucht werden, z. B.: *addormentarsi* (einschlafen), *alzarsi* (aufstehen), *chiamarsi* (heißen), *svegliarsi* (aufwachen).

ANWENDEN

1. **Vervollständigen Sie Alex' Antwort mit den richtigen Verbformen.**

ci divertiamo | mi sveglio | mi addormento | mi faccio | ti diverti
mi incontro | mi trovo | ci vediamo | si chiama | mi vesto

Ciao Marco,
grazie per l'e-mail! ______________ tanto a Oxford!
Torino è una bella città e ______________ bene. Abito con un ragazzo che ______________ Daniele. La mattina ______________ verso le 6.30, ______________ la doccia e ______________. Alle 7.30 esco di casa con Daniele e andiamo all'università. La sera ______________ con gli amici, ______________ sempre un sacco insieme! Quando torno a casa, sono così stanco che ______________ subito.
______________ presto!
Alex

! Manche Verben können sowohl reflexiv als auch nicht reflexiv gebraucht werden:

lavare	(waschen)	*lavarsi*	(sich waschen)
Lavo la macchina.	(Ich wasche das Auto.)	*Mi lavo.*	(Ich wasche mich.)

2. Hannah ist nun in Italien und beschreibt ihre Arbeit als Au-Pair-Mädchen. Kreuzen Sie das jeweils korrekte Verb an.

Lavoro per una famiglia italiana e
☐ mi occupo / ☐ occupo di due bambini.
☐ Si chiamano / ☐ Chiamano Martina e Carlo.
La mia giornata inizia presto: la mattina
☐ mi sveglio / ☐ sveglio alle 7.00 e
☐ mi lavo / ☐ lavo.
Poi ☐ mi sveglio / ☐ sveglio i bambini. Carlo si alza e ☐ si veste / ☐ veste da solo. Martina ☐ si alza / ☐ alza più tardi: di solito io ☐ vesto / ☐ mi vesto Martina perché ha solo due anni. Dopo ☐ ci facciamo / ☐ facciamo colazione insieme. Verso le 8.30 ☐ mi lavo / ☐ lavo i denti. Poi ☐ mi lavo / ☐ lavo i denti a Martina. Finalmente alle 8.45 siamo pronti!

3. Vervollständigen Sie den Forumsbeitrag mit den Verben in Klammern in der jeweils richtigen Verbform.

PIANETA BAMBINI – Il forum dei genitori

◆ Mamme e papà, voi come (organizzarsi) ________________ in casa?

○ La sveglia suona alle 6.30: (io / alzarsi) ________________, (prepararsi) ________________ e poi (svegliare) ________________ i miei bambini. (loro / vestirsi) ________________ da soli perché hanno 6 e 7 anni. Mio marito (alzarsi) ________________ con me, (farsi) ________________ la doccia e va al lavoro. Porto i bambini a scuola e poi vado in ufficio. Alle 8.30 (mettersi) ________________ al computer. Dopo il lavoro (fermarsi) ________________ al supermercato per fare la spesa. La sera i bambini giocano con il papà, (loro / divertirsi) ______________ molto!

Alle 10 (noi / mettersi) ____________ sul divano e (noi / rilassarsi) ____________: mio marito (addormentarsi) ____________ subito! Insomma, come vedi, a casa nostra non (noi / annoiarsi) ____________ mai!

trovarsi bene	sich gut fühlen	incontrarsi	sich treffen
alzarsi	aufstehen	vestirsi	sich anziehen
mettersi a	*hier:* beginnen mit	occuparsi (di)	*hier:* sich kümmern (um)
divertirsi	sich amüsieren		
chissà	wer weiß	il dente	Zahn
addormentarsi	einschlafen	la sveglia	Wecker

39 Modalverben

Neben ihrer Funktion als Vollverben werden *potere* *(können, dürfen)*, *dovere* *(müssen, sollen)* und *volere* *(wollen, mögen)* auch als Modalverben gebraucht. Sie begleiten ein anderes Verb und präzisieren die Art und Weise der jeweiligen Handlung.

I bambini ***vogliono*** *la pizza.*

Puoi *andare al supermercato?*

Devo *lavorare fino a tardi stasera.*

START

Lesen Sie den Chatverlauf und unterstreichen Sie die Modalverben.

Marco, i bambini vogliono mangiare la pizza stasera, ma non abbiamo il lievito in casa. Puoi andare al supermercato quando esci dal lavoro? Devo fare ancora un sacco di cose e non riesco a passare. Se vuoi, compra anche qualcosa di dolce.

Certo, non c'è problema. A più tardi. 😘

SEHEN

Sehen Sie sich jetzt die Tabelle an und ergänzen Sie die Lücken mit den Modalverben, die Sie unterstrichen haben.

Modalverben			
	potere	**dovere**	**volere**
(io)	posso	________	voglio
(tu)	________	devi	________
(lui/lei/Lei)	può	deve	vuole
(noi)	possiamo	dobbiamo	vogliamo
(voi)	potete	dovete	volete
(loro)	possono	devono	________

VERSTEHEN

Ergänzen Sie nun die folgenden Regeln.

- Die Modalverben haben ☐ regelmäßige Formen. ☐ unregelmäßige Formen.
- Nach den Modalverben steht das Verb im Infinitiv ☐ ohne Präposition. ☐ mit Präposition.

ANWENDEN

1. **Bringen Sie die Wörter in die jeweils richtige Reihenfolge und bilden Sie die Sätze mit den korrekten Formen der Modalverben.**

a. e Luca – **potere** – festa – Marta – venire – alla – di compleanno. – non

____

b. **dovere** – dal – Lucia – medico. – andare

____

c. **(Tu) volere** – al – stasera? – cinema – andare

____

d. **(noi) potere** – il – Mamma, – usare – tablet? – tuo

____

2. **Vervollständigen Sie den Dialog mit den passenden Verbformen.**

- o Pronto?
- ◆ Ciao, Alessia. Sono Caterina.
- o Ciao, Caterina.
- ◆ Domani (io / volere) ____________ portare Luca e Sara al Parco delle Cornelle. (tu / volere) ____________ venire anche tu con i tuoi bambini?
- o Che peccato! Domani non (io / potere) ____________ proprio. Io e mio marito (dovere) ____________ andare a pranzo con i suoi colleghi. Marco e Ilaria non (volere) ____________ venire, così rimangono dai nonni.
- ◆ Se (tu / volere) ____________, (loro / potere) ____________ venire con noi.
- o Per me va bene. A che ora (voi / volere) ____________ partire?
- ◆ Dopo colazione, verso le 10.30.

3. ***Dovere*, *potere* o *volere*? Kreuzen Sie die jeweils richtige Option an.**

Cara Luisa,
come stai? Spero tutto bene.
Quest'estate io e i bambini □ vogliamo / □ dobbiamo andare in vacanza in Liguria ma non abbiamo ancora una sistemazione. Ci □ devi / □ puoi dare il nome dell'albergo dove andate di solito? □ Dobbiamo / □ Possiamo prenotare ora se □ possiamo / □ vogliamo trovare una camera libera. Giorgio non □ può / □ deve venire con noi perché □ vuole / □ deve lavorare tutta l'estate. Probabilmente □ deve / □ può prendere qualche giorno libero ad agosto. Se volete, □ dobbiamo / □ possiamo passare qualche giorno insieme. Luca e Giovanni □ vogliono / □ devono vedere l'acquario di Genova. Perché non venite anche voi con Marta e Silvia? Così i bambini □ possono / □ devono giocare insieme. Che ne dici? Fammi sapere!
Gianna

il lievito	Hefe	Che peccato!	Schade!
un sacco di	viele, eine Menge	la sistemazione	Unterkunft
riuscire (a)	es schaffen	probabilmente	wahrscheinlich
qualcosa di dolce	etwas Süßes	l'acquario	Aquarium

40 *sapere*

Das unregelmäßige Verb *sapere* bedeutet je nach Kontext *wissen* oder *können*. In der Bedeutung von *können* drückt *sapere* eine Fähigkeit aus.

(wissen) ◆ *Scusi, **sa** se c'è una banca qui vicino?* ○ *Non lo **so**, mi dispiace.*

(können) *Caterina non **sa** sciare.*

START

Lesen Sie den Dialog und unterstreichen Sie die Formen des Verbs *sapere*.

◆ Abbiamo organizzato una settimana bianca in Pinzolo. Vieni con noi?

○ Veramente non so sciare. Ho fatto un corso l'anno scorso, ma non ho imparato.

◆ Dai, ci divertiamo! Anche Caterina non sa sciare, ma ha deciso di venire. Potete passeggiare sulla neve o prendere il sole.

SEHEN

Sehen Sie sich jetzt die Tabelle an und ergänzen Sie die Lücken mit den Formen von *sapere*.

sapere			
(io)	______	(noi)	sappiamo
(tu)	sai	(voi)	sapete
(lui/lei/Lei)	______	(loro)	sanno

sapere

VERSTEHEN

Ergänzen Sie nun die folgenden Regeln.

- In der Bedeutung von *können* verhält sich *sapere* wie ein Modalverb. Das heißt, ihm folgt das Verb im Infinitiv ☐ mit Präposition. ☐ ohne Präposition.
- *Sapere* drückt ☐ eine Möglichkeit / eine Erlaubnis ☐ eine Fähigkeit aus, *potere* hingegen ☐ eine Möglichkeit / eine Erlaubnis. ☐ eine Fähigkeit.

ANWENDEN

1. Vervollständigen Sie mit den Formen des Verbs *sapere* und verbinden Sie jede Frage mit der entsprechenden Antwort.

1. ◆ Scusi, ________ dov'è una farmacia qui vicino?
2. ◆ Dove andate in vacanza quest'estate?
3. ◆ Scusa, ________ che ora è?
4. ◆ Lara e Simone hanno solo cinque anni e ________ leggere! E il tuo?
5. ◆ Per la nostra band cerchiamo un chitarrista. Cristian, tu ________ suonare la chitarra, vero?

a. ○ Non lo ________ ancora. Forse andiamo in Spagna.
b. ○ Anche mio figlio ________ leggere e scrivere, però ha sette anni...
c. ○ Mah, ________ suonare la chitarra classica, ma non molto bene.
d. ○ No, mi dispiace, non lo ________. Non sono di qui.
e. ○ Sono le tre e un quarto.

2. *Sapere* oder *potere*? Kreuzen Sie die jeweils richtige Option an.

1. ◆ Scusate, ☐ sapete / ☐ potete dov'è il ristorante "Da Giacomo"?
   ○ Mi dispiace, io non lo ☐ so / ☐ posso. Tu, Marco, ☐ sai / ☐ puoi dove si trova?
   ▲ Sì, è a circa un quarto d'ora da qui. ☐ Sa / ☐ Può prendere l'autobus.
2. ○ La prossima settimana ci incontriamo per giocare a tennis?
   ◆ Cristian non ☐ sa / ☐ può venire perché si è rotto un braccio. A chi ☐ sappiamo / ☐ possiamo chiedere?
   ○ Non ☐ so / ☐ posso. Forse a Giovanni? Secondo me, ☐ sa / ☐ può giocare a tennis.

3. ◆ Maurizio, Carlo, □ sapete / □ potete che domani non c'è la riunione, vero?
   ○ No, io non □ so / □ posso nulla.
   ◆ Il capo non □ sa / □ può venire al lavoro perché è malato.

3. Vervollständigen Sie mit *sapere* oder *potere*.

Carlo e Maria sono sposati e hanno due figli. Lei è una brava cuoca, ________ cucinare benissimo, specialmente i piatti con verdure, ma non li ________ mai fare perché a Carlo e ai bambini non piacciono. È una donna creativa: ________ disegnare bene, ma non ________ dedicarsi a questo hobby perché non ha tempo.
Carlo fa il giornalista e ________ lavorare da casa. Così ________ passare del tempo con i suoi figli e ________ aiutare sua moglie. È una persona pratica e ________ fare tutto in casa.
Lui e sua moglie sono sportivi: vanno in palestra, fanno jogging e ________ giocare a squash. Il giovedì sera si incontrano con due amici per una partita, ma questa settimana non ________ giocare perché devono andare alla riunione dei genitori.

la settimana bianca	Skiwoche	la riunione	Versammlung, Besprechung
prendere il sole	sich sonnen lassen	dedicarsi (a)	sich widmen
il/la chitarrista	Gitarrist/in	la riunione dei genitori	Elternabend
la chitarra	Gitarre		
rompersi	sich brechen		

41 *c'è – ci sono*

Das Verb *esserci* drückt das Vorhandensein einer Person oder Sache aus und wird vor allem in der 3. Person Singular und Plural gebraucht. *C'è* und *ci sono* entsprechen den deutschen Ausdrücken *es gibt / da ist* bzw. *es gibt / da sind.*

*Davanti all'albergo **c'è** un parcheggio grande.*

*Nell'albergo **ci sono** due piscine.*

41 c'è – ci sono

START

Lesen Sie die Hotelbewertung und unterstreichen Sie *c'è* und *ci sono*.

ALBERGO *PARADISO*: MOLTO BUONO ★★★★☆

L'albergo è moderno e non è lontano dal centro storico. Le camere sono pulite e in ottime condizioni. Ci sono due piscine (una per bambini e una per adulti) e c'è una sauna. Davanti all'albergo c'è anche un parcheggio dove si può lasciare la macchina. La fermata dell'autobus è vicino all'hotel.

SEHEN

Sehen Sie sich jetzt die Tabelle an und ergänzen Sie die Lücken mit *c'è* und *ci sono*.

c'è / ci sono
Davanti all'albergo ___________ anche un parcheggio.
___________ una sauna.
Nelle camere **c'è** l'aria condizionata.
___________ due piscine.
Vicino all'hotel **ci sono** alcuni locali tipici.

VERSTEHEN

Ergänzen Sie nun die folgenden Regeln.

- Vor einem Substantiv im Singular verwendet man ___________.
- Vor einem Substantiv im Plural verwendet man ___________.

! Wenn der Satz mit einer Ortsangabe beginnt, verwendet man *c'è* / *ci sono*. Steht das Subjekt am Anfang des Satzes, verwendet man *è* / *sono*.
*Vicino all'hotel **c'è** una fermata dell'autobus.*
*La fermata dell'autobus **è** vicino all'hotel.*

ANWENDEN

1. Was gibt es noch im Hotel *Paradiso*? Tragen Sie die folgenden Elemente in die jeweils richtige Spalte ein.

100 camere | una sala per conferenze | due ristoranti | un bar | due campi da tennis | tre ascensori | un centro estetico | la connessione internet | una terrazza panoramica | due palestre

Nell'albergo *Paradiso*...	
c'è	**ci sono**
______	______
______	______
______	______
______	______
______	______

2. Alessio schreibt in einem Internetforum über Padua. Vervollständigen Sie den Forumsbeitrag mit *c'è* oder *ci sono*.

Il centro di Padova è piccolo, ma carino. ______ piazze bellissime, come Piazza delle Erbe: qui ogni giorno ______ il mercato della città. Poi ______ il Palazzo della Ragione e ______ moltissime chiese: la Basilica di Sant'Antonio, il Duomo... Naturalmente ______ tanti musei e ______ la Cappella degli Scrovegni: la devi visitare! A Padova ______ anche un'università importante! Vicino a Padova ______ molte cose da vedere: ______ ville antiche e giardini, ______ il Parco Regionale dei Colli Euganei e ______ le terme.

3. **Lesen Sie die Beschreibung der Stadt Florenz und kreuzen Sie die jeweils richtige Option an.**

Firenze □ è / □ c'è la città di Dante Alighieri ed □ è / □ c'è il capoluogo della Toscana. A Firenze □ sono / □ ci sono molti monumenti e palazzi da visitare. Per esempio, il Palazzo Vecchio □ è / □ c'è uno dei simboli della città. Davanti al Palazzo Vecchio □ è / □ c'è il David di Michelangelo, ma questa statua non □ è / □ c'è la scultura originale! Vicino al Palazzo Vecchio □ è / □ c'è una bella fontana, la Fontana di Nettuno. A Firenze □ sono / □ ci sono musei come la Galleria degli Uffizi dove □ sono / □ ci sono opere di artisti italiani come Botticelli e Raffaello. Firenze □ è / □ c'è una città d'arte: □ sono / □ ci sono chiese, piazze e giardini bellissimi. Ma □ è / □ c'è anche una città universitaria: □ sono / □ ci sono locali, discoteche, bar economici e caffè letterari.

in ottime condizioni	in sehr gutem Zustand	il duomo	Dom
l'aria condizionata	Klimaanlage	le terme	Thermen
la sala per conferenze	Konferenzraum	il capoluogo	*hier:* Hauptstadt einer Region
il campo da tennis	Tennisplatz	la scultura	Skulptur
l'ascensore *m*	Aufzug	l'opera	*hier:* Kunstwerk
la connessione	Verbindung	la città universitaria	Universitätsstadt
il centro estetico	Schönheitssalon		
la basilica	Basilika		

42 *piacere*

Das Verb *piacere (gefallen, schmecken, mögen)* ist ein unregelmäßiges Verb, das man meist in der 3. Person Singular bzw. Plural verwendet.

*Ti **piace** l'arte contemporanea?*
*Mi **piacciono** i palazzi del centro storico.*

START

Lesen Sie den Dialog und unterstreichen Sie die Formen des Verbs *piacere* mit den davorstehenden indirekten Objektpronomen.

◆ John, da quanto tempo abiti in Italia?
○ Da tre anni.
◆ E ti piace vivere qui a Milano?
○ Adoro Milano! Mi piacciono tante cose di questa città: amo le strade affollate, l'atmosfera internazionale che si respira, mi piacciono i negozi eleganti e la gente alla moda... Sì, posso dire che mi piace tutto di Milano... anche il traffico della mattina!

SEHEN

Sehen Sie sich jetzt die Tabelle an und ergänzen Sie mit den Formen von *piacere*.

piacere
_____ __________ tutto di Milano... anche il traffico della mattina. Mi **piace** l'atmosfera internazionale.
_____ __________ vivere qui a Milano? A John **piace** fare lunge passeggiate nel parco.
_____ __________ tante cose di questa città. _____ __________ i negozi eleganti.

VERSTEHEN

Ergänzen Sie nun die folgenden Regeln.

- Folgt auf *piacere* ein Substantiv ☐ im Singular ☐ im Plural, verwendet man die Form *piace* (3. Person Singular).
- Folgt auf *piacere* ein Substantiv ☐ im Singular ☐ im Plural, verwendet man die Form *piacciono* (3. Person Plural).

- Folgt auf *piacere* ein anderes Verb im Infinitiv, verwendet man die Form ☐ *piace*. ☐ *piacciono*.
- Das Verb *piacere* steht immer in Verbindung mit einem indirekten Objekt (z. B. *a John*) oder mit einem indirekten Objektpronomen (*mi*, *ti*, *gli*, *le*, *ci*, *vi*, *gli*). (→ Kap. 22)

ANWENDEN

1. Was gefällt John an Mailand? Schreiben Sie die unten stehenden Elemente auf den jeweils richtigen Klebezettel.

i parchi e i giardini della città | andare al teatro *La Scala*
i ristoranti sui Navigli | visitare i musei | il risotto alla milanese
i formaggi | fare shopping in via Monte Napoleone
i mercati dell'antiquariato | la cotoletta alla milanese | le case d'epoca

Mi piace...

____
____
____
____
____

Mi piacciono...

____
____
____
____
____

2. Bringen Sie die Wörter in die jeweils richtige Reihenfolge.

a. piacciono – le – grandi – non – A Marco – città.

____

b. campagna? – in – Vi – vivere – piace

____

c. non – musica – A Susanna – classica. – piace – la

____

d. al – e Margherita – piace – andare – A Davide – museo.

____

e. film – piacciono – mi – americani. – Non – i

____

3. John erzählt, was er und seine Freunde gerne machen. Ergänzen Sie mit dem Verb *piacere* (*piace* bzw. *piacciono*) und kreuzen Sie, wo nötig, das passende Pronomen an.

Io e Ilaria siamo molto diversi: Ilaria è mattiniera e ☐ gli / ☐ le ____________ alzarsi presto la mattina. Io, invece, sono un nottambulo e ☐ ti / ☐ mi ____________ lavorare fino alle 3 di notte. A Ilaria non ____________ i social network, invece, a me ____________ essere sempre online e ho un profilo anche su Snapchat. Il nostro amico Attila è uno sportivo: fa molta attività fisica, ☐ gli / ☐ le ____________ tutti gli sport, soprattutto ☐ gli / ☐ le ____________ andare in bicicletta. La sua ragazza è insegnante, ama leggere e ☐ gli / ☐ le ____________ i libri di Haruki Murakami. Va spesso all'opera perché ☐ gli / ☐ le ____________ la musica classica. I nostri amici Laura e Piero suonano in una band e ☐ vi / ☐ gli ____________ i gruppi musicali come i *The Killers*.

l'arte contemporanea	zeitgenössische Kunst	la cotoletta alla milanese	paniertes Kalbsschnitzel
adorare	lieben	la casa d'epoca	historisches Gebäude
affollato	überfüllt	il/la mattiniero/-a	Morgenmensch
il traffico	Straßenverkehr	il/la nottambulo/-a	Nachtschwärmer/in
i Navigli	*Typische Kanäle in und um Mailand*		
mercato dell' antiquariato	Antiquitätenmarkt		

43 Die unpersönliche *si*-Form

Die unpersönliche *si*-Form drückt eine allgemeine, nicht an eine bestimmte Person gebundene Handlung aus. *Si* entspricht dem deutschen *man*.

Si beve *lo spumante.*

Si mangiano *i dolci tipici come il panettone.*

START

Lesen Sie den Text und unterstreichen Sie alle *si*-Formen.

Il Natale è forse la festa più importante in Italia. L'8 dicembre si addobba l'albero e si prepara il presepe. Il giorno prima di Natale, la Vigilia, si organizza il cenone in alcune regioni. Il 25 dicembre si festeggia in famiglia e si aprono i regali. Si mangiano i dolci tipici come il panettone e si beve lo spumante. Dopo il pranzo si esce per una passeggiata o si va al cinema per il classico film di Natale.

SEHEN

Sehen Sie sich jetzt die Tabelle an und ergänzen Sie die Lücken mit den *si*-Formen, die Sie unterstrichen haben. Drei Beispiele sind schon angegeben.

unpersönliche *si*-Form
Il 25 dicembre ____ ____________ in famiglia.
Dopo il pranzo **si esce** per una passeggiata o ____ ____________ al cinema.
Si addobba l'albero e ____ ____________ il presepe.
____ ____________ il cenone.
____ ____________ lo spumante.
Si aprono i regali.
____ ____________ i dolci tipici.

VERSTEHEN

Ergänzen Sie nun die folgenden Regeln.

- Bei Verben ohne direktes Objekt, z. B. *andare*, verwendet man (wie im Deutschen) *si* + Verb in der ☐ 3. Person Singular. ☐ 3. Person Plural.
- Bei Verben mit direktem Objekt, z. B. *mangiare*, muss das Verb in der Zahl an das Objekt angeglichen werden.
  a) Folgt ein Substantiv im Singular, steht das Verb in der ☐ 3. Person Singular. ☐ 3. Person Plural.
  b) Folgt ein Substantiv im Plural, steht das Verb in der ☐ 3. Person Singular. ☐ 3. Person Plural.

ANWENDEN

1. Was macht man in Italien am Silvesterabend? Vervollständigen Sie die Sätze mit der *si*-Form.

A Capodanno (mangiare) ______________ le lenticchie, (brindare) ______________ al nuovo anno, (fare) ______________ i fuochi d'artificio, (festeggiare) ______________ con gli amici, (portare) ______________ qualcosa di rosso, (giocare) ______________ a tombola, (fare) ______________ progetti per il nuovo anno e di solito (andare) ______________ a letto tardi.

2. Wandeln Sie die Sätze wie im Beispiel um.

Esempio: In Italia molti bevono solo un caffè a colazione.
In Italia **si beve** solo un caffè a colazione.

a. A Ferragosto tanti italiani vanno al mare.

____

b. In Italia l'8 marzo molti regalano le mimose alle donne.

____

c. A Carnevale molti indossano le maschere.

____

d. In Italia quasi tutti mangiano molta pasta.

____

3. **Tipps für Touristen in Italien. Vervollständigen Sie den Text mit den unten stehenden Angaben.**

si beve | si può portare | ~~si visita~~ | si possono regalare | si mangiano | si va | si paga | si usano | si ordina | si dà

CONSIGLI PER TURISTI STRANIERI IN ITALIA

Quando si visita un altro Paese, è importante conoscere alcune "regole". In Italia, al ristorante, non __________ la mancia al cameriere, ma __________ il coperto. Anche a tavola ci sono alcune buone abitudini: quando __________ gli spaghetti, non __________ il cucchiaio e il coltello, ma solo la forchetta. Inoltre, è importante conoscere il menù italiano: come antipasto non __________ una zuppa perché è un primo piatto come la pasta. E ricordate: a pranzo __________ il caffè, non il cappuccino! Se __________ a cena da una famiglia italiana, __________ una bottiglia di vino oppure __________ dei fiori.

addobbare	schmücken	la tombola	Bingospiel
il presepe	Krippe	la mimosa	Mimose
la Vigilia	*hier:* Heiligabend	il consiglio	Rat
il cenone	Silvester- oder Weihnachtsessen	la regola	Regel
la lenticchia	Linse	la mancia	Trinkgeld
brindare	anstoßen	il coperto	Gedeck
i fuochi d'artificio	Feuerwerk	l'abitudine *w*	Gewohnheit

44 *Passato prossimo:* Bildung und Gebrauch

Das *passato prossimo* ist eine Zeitform der Vergangenheit. Es wird verwendet, um über einmalige, abgeschlossene Handlungen und Ereignisse in der Vergangenheit zu berichten.

*Domenica scorsa **siamo andati** a Mantova e **abbiamo visitato** il Palazzo Ducale.*

Das *passato prossimo* wird wie das deutsche Perfekt gebildet: Präsens von *avere* (haben) bzw. *essere* (sein) + *participio passato* (Partizip Perfekt) des Hauptverbs.

▶◀ Der Gebrauch von *avere* und *essere* entspricht grundsätzlich dem Gebrauch von *haben* und *sein* im deutschen Perfekt.

Avere verwendet man mit Verben, die ein direktes Objekt (Wen-Fall) verlangen.

***Ho mangiato** un panino al bar.*

Essere verwendet man bei Verben, die eine Bewegung oder einen Zustand ausdrücken.

***Sono andata** a Mantova. **Sono restata** lì tutto il giorno.*

Es gibt einige Ausnahmen, die im Kapitel 45 behandelt werden.

START

Lesen Sie den Dialog zwischen Monica und Paola und unterstreichen Sie die Formen des *passato prossimo*, wie in den Beispielen.

◆ Ciao, Paola! Che cosa hai fatto il fine settimana?

○ Il fine settimana non ho avuto un attimo libero! Sabato mattina io e Giulia siamo andate in centro a fare spese, a mezzogiorno abbiamo mangiato un panino in un bar e verso le due siamo tornate a casa. Poi io ho pulito il mio appartamento, Giulia invece ha studiato per il test d'inglese.

◆ E domenica?

○ Sono andata a Mantova con Marco. Prima siamo andati a Palazzo Te, poi abbiamo visitato il centro storico e la sera abbiamo fatto un giro sul lungolago.

Passato prossimo: Bildung und Gebrauch

SEHEN

Sehen Sie sich jetzt die Tabellen genauer an und ergänzen Sie die Lücken mit den passenden Elementen, die Sie im Dialog unterstrichen haben.

	avere + participio passato	**essere + participio passato**	
	m/w	**m**	**w**
(io)	ho mangiato	sono andato	________
(tu)	hai mangiato	sei andato	sei andata
(lui/lei/Lei)	ha mangiato	è andato	è andata
(noi)	________	________	________
(voi)	avete mangiato	siete andati	siete andate
(loro)	hanno mangiato	sono andati	sono andate

Bildung des participio passato		
-are →	________	→ mangiato
-ere →	________	→ ________
-ire →	**-ito**	→ ________

! Wichtige Verben mit unregelmäßigem *participio passato* (*Partizip*):

aprire → aperto	decidere → deciso	fare → fatto	scrivere → scritto
bere → bevuto	dire → detto	leggere → letto	vedere → visto
chiedere → chiesto	essere → stato	scegliere → scelto	venire → venuto

VERSTEHEN

Ergänzen Sie nun die folgenden Regeln.

- Mit dem Hilfsverb *avere* ☐ werden die Endungen des Partizips in Geschlecht und Zahl angeglichen. ☐ bleiben die Endungen des Partizips unverändert.
- Mit dem Hilfsverb *essere* ☐ werden die Endungen des Partizips in

Geschlecht und Zahl angeglichen. ☐ bleiben die Endungen des Partizips unverändert.

- Im Italienischen stehen Hilfsverb und Partizip im Satz ☐ nebeneinander. ☐ getrennt voneinander. Die Verneinung *non* steht ☐ vor dem Hilfsverb. ☐ zwischen dem Hilfsverb und dem Partizip.

ANWENDEN

1. **Kreuzen Sie die jeweils richtige Form des *passato prossimo* an.**

a. Sara è ☐ stato / ☐ stata in Francia e ha ☐ visitato / ☐ visitata Parigi.

b. Stamattina Piero ha ☐ fatto / ☐ fatta colazione e poi è ☐ uscito. / ☐ uscita.

c. Sonia e Davide ☐ sono andati / ☐ hanno andato a Pechino e ☐ sono frequentati / ☐ hanno frequentato un corso di cinese per quattro settimane.

d. Sara e Giorgio ☐ sono partiti / ☐ sono partite la mattina presto per Milano e ☐ hanno arrivato / ☐ sono arrivati alle 9.00.

2. **Vervollständigen Sie den Beitrag mit den Formen des *passato prossimo*.**

siamo arrivati | ha fatto | abbiamo preso | ho preferito
sono stato | siamo saliti | abbiamo dormito | abbiamo fatto

VIAGGI BREVI

Ciao a tutti, sono Tommaso. All'inizio di giugno ____________ sull'isola di Capraia per una breve vacanza. Io e mia moglie ____________ il traghetto da Livorno e in circa tre ore ____________ sull'isola. ____________ subito il bagno nel mare splendido e poi il pomeriggio ____________ sul Monte Penne per un'escursione. Che panorama stupendo! La sera ____________ in tenda nel campeggio dell'isola. Il giorno dopo mia moglie ____________ un giro in barca, io invece ____________ fare snorkeling.

3. Vervollständigen Sie die E-Mail mit den Formen des *passato prossimo*.

Cara Silvia,
come stai? Perché non (tu / venire) ________________ alla festa degli studenti Erasmus ieri sera? (essere) ________________ una serata bellissima! Io e Julia (arrivare) ________________ a casa di Jack verso le 20.30: (noi / cenare) ________________ con gli altri studenti e (provare) ________________ tante specialità internazionali. Dopo cena (noi / fare) ________________ dei giochi per conoscerci meglio e poi (noi / ballare) ________________ fino all'una! Sai, io e Julia (conoscere) ________________ Matteo e Pietro, due ragazzi italiani. (noi / parlare) ________________ con loro tutta la sera e così (noi / fare) ________________ un po' di pratica con la lingua italiana! E tu, che cosa (fare) ________________?
Ci sentiamo presto!
Franziska

fare un giro	*hier:* einen Spaziergang machen	l'escursione *w*	Ausflug
il lungolago	Promenade am Seeufer	la tenda	Zelt
il traghetto	Fähre	il campeggio	Campingplatz
		fare pratica	*hier:* üben

45 Gebrauch von *avere* und *essere* im *passato prossimo*

Bei der Bildung des *passato prossimo* werden die Hilfsverben *essere* und *avere* meistens wie im Deutschen gebraucht (→ Kap. 44). Es gibt jedoch einige Ausnahmen.

Ci siamo divertiti *molto.*
Lo spettacolo ***è iniziato*** *alle 20.30.*
La rappresentazione mi ***è piaciuta****.*

START

Lesen Sie die E-Mail und unterstreichen Sie die Verben im *passato prossimo*.

Cara Noemi,
eccoci di ritorno da Palermo. Che città stupenda! Ci siamo rilassati e ci siamo divertiti tanto! Sabato pomeriggio abbiamo passeggiato per le vie della città per il classico giro turistico. La sera ci siamo incontrati con la mia amica Susanna al Teatro Massimo per vedere *L'elisir d'amore*. Lo spettacolo è iniziato alle 20.30 ed è finito verso le 23.
A me la rappresentazione è piaciuta molto, invece Luca si è annoiato.
Ah, ho iniziato il nuovo libro di Michela Murgia. È veramente appassionante!
A presto, Paola

SEHEN

Sehen Sie sich jetzt die Tabelle an und ergänzen Sie die Lücken mit den Formen des *passato prossimo*, die Sie unterstrichen haben.

avere	______ __________ per le vie della città. **Abbiamo nuotato** per ore in piscina. **Abbiamo camminato** molto.
essere	____ ______ __________ e **ci siamo divertiti** tanto. ____ ______ __________ con la mia amica Susanna. Luca ____ ______ __________. A me la rappresentazione ______ __________ molto.
avere/essere	Lo spettacolo ______ __________ alle 20.30 ed ______ __________ verso le 23. ______ __________ il nuovo libro di Michela Murgia. **Ho finito** di lavorare tardi ieri.

45 Gebrauch von *avere* und *essere* im *passato prossimo*

VERSTEHEN

Ergänzen Sie nun die folgenden Regeln.

- Bei einigen Bewegungsverben, die keine bestimmte Zielrichtung haben, wie *camminare*, *nuotare*, *passeggiare*, *sciare* wird das *passato prossimo* mit ☐ *avere* ☐ *essere* gebildet.
- Bei reflexiven Verben wird das *passato prossimo* mit ☐ *avere* ☐ *essere* gebildet.
- Bei *piacere* verwendet man das Hilfsverb ☐ *avere*. ☐ *essere*.
- Beim *passato prossimo* mit *essere* ☐ bleibt das Partizip Perfekt unverändert. ☐ wird das Partizip Perfekt in Geschlecht und Zahl an das Subjekt angeglichen.

! Bei Verben wie *cominciare*, *finire*, *iniziare* kann das *passato prossimo* sowohl mit *avere* als auch mit *essere* gebildet werden.
Folgt auf diese Verben ein direktes Objekt (Wen-Fall) oder eine Infinitivkonstruktion, dann wird *avere* verwendet.
*Ho cominciato **il libro** che mi hai dato. Ho finito **di lavorare** alle 18.30.*
Folgt auf diese Verben kein direktes Objekt, sondern z. B. eine Temporal- oder Lokalangabe, dann wird *essere* benutzt.
*Lo spettacolo è iniziato **alle 20.30** ed è finito **alle 23**.*

ANWENDEN

1. ***Essere*** **oder** ***avere*****? Ergänzen Sie mit den Formen des** ***passato prossimo*****.**

a. La lezione d'italiano __________ iniziat___ alle 19.30.
b. La primavera __________ cominciat___ con una bella nevicata.
c. Gaetano e Carola __________ iniziat___ a frequentare un corso di cinese.
d. Sbrigati, il film __________ già iniziat___.
e. Franca __________ finit___ l'università e __________ iniziat___ un tirocinio in un'azienda.
f. Purtroppo le vacanze __________ finit___ e dobbiamo tornare al lavoro.
g. Le iscrizioni al corso di yoga __________ cominciat___ ieri.
h. Ieri sera io e Francesco __________ finit___ di cenare tardi.

2. Vervollständigen Sie die E-Mail mit den Verben im *passato prossimo*.

Ciao Paola,

grazie per la mail! Anche a me la città (piacere) ________________ tanto quando ci sono stata due anni fa. Nel fine settimana non ho fatto nulla di speciale, ma (io / divertirsi) ________________.
Sabato io (alzarsi) ________________ presto, (prepararsi) ________________ e sono andata al lago con Marco. (noi / camminare) ________________ un po' lungo la riva, (rilassarsi) ________________ al sole e (abbronzarsi) ________________! Lui ha fatto il bagno e (nuotare) ________________ per quasi un'ora! La sera (noi / vedersi) ________________ con alcuni amici per andare al concerto del mio collega Giulio. La band (iniziare) ________________ lo spettacolo alle 22 e ha suonato per due ore. Le canzoni mi (piacere) ________________ tutte!

Ci vediamo mercoledì,

Noemi

3. Lesen Sie den Text und übersetzen Sie die Angaben in Klammern.

“Ieri io e Cristina (haben uns getroffen) ________________ alle 20.00 e siamo andate al cinema. Il film (hat angefangen) ________________ alle 20.30 ed è durato 2 ore. La storia (hat mir gefallen) ________________ molto, invece Cristina (ist eingeschlafen) ________________ dopo mezz'ora. Alle 22.30 siamo uscite e (sind spazieren gegangen) ________________ per le vie del centro, ma (es hat angefangen) ________________ a piovere. Così, abbiamo deciso di mangiare qualcosa. Ho preso un piatto di tagliatelle ai funghi, ma (sie haben mir nicht geschmeckt) ________________. Quando sono tornata a casa, (ich habe mich nicht gefühlt) ________________ bene e non ho dormito tutta la notte!”

lo spettacolo	*hier:* die Aufführung	la nevicata	Schneefall
la rappresentazione	*hier:* die Aufführung	sbrigarsi	sich beeilen
stupendo	wunderbar	il tirocinio	Praktikum
rilassarsi	sich entspannen	la riva	Ufer
il giro turistico	Touristen-Tour	abbronzarsi	sich bräunen lassen

★46 *Passato prossimo* mit Modalverben

Das *passato prossimo* mit den Modalverben *dovere*, *potere*, *volere* kann sowohl mit *avere* als auch mit *essere* gebildet werden.
*Non **sono potuto** venire all'incontro.*
***Ho dovuto** lavorare fino a tardi.*

START

Lesen Sie Alessios E-Mail und unterstreichen Sie alle Modalverben im *passato prossimo* mit dem Infinitiv.

Cara Caterina,
scusa se ti scrivo solo ora. Purtroppo ieri non sono potuto venire all'incontro all'Istituto Italiano di Cultura perché ho dovuto accompagnare i miei genitori alla stazione. Sono venuti a trovarmi qui a Monaco e sono rimasti una settimana. Non parlano il tedesco e così ho dovuto portarli in giro per la città. Hanno voluto visitare il castello di Neuschwanstein e sono voluti andare a Norimberga. È stata una bella settimana, ma un po' stressante.

A presto,
Alessio

SEHEN

Sehen Sie sich jetzt die Tabelle an und ergänzen Sie die Lücken mit den passenden Verben, die Sie unterstrichen haben.

Passato prossimo mit Modalverben
Non ______ ______ *venire* all'incontro.
______ ______ *andare* a Norimberga.
Siamo dovuti *tornare* a casa presto.
______ ______ *accompagnare* i miei genitori alla stazione.
______ ______ *portarli* in giro.
______ ______ *visitare* il castello di Neuschwanstein.
Non **ho potuto** *scriverti* prima.

VERSTEHEN

Ergänzen Sie nun die folgenden Regeln.

- Wenn auf das Modalverb ein Verb folgt, dessen *passato prossimo* mit *avere* gebildet wird, dann verwendet man ☐ *avere*. ☐ *essere*.
- Wenn auf das Modalverb ein Verb folgt, dessen *passato prossimo* mit *essere* gebildet wird, dann verwendet man ☐ *avere*. ☐ *essere*.
- Mit dem Hilfsverb *essere* ☐ bleiben die Endungen des Partizips unverändert. ☐ werden die Endungen des Partizips in Geschlecht und Zahl angeglichen.

! Bei reflexiven Verben kann man sowohl *essere* als auch *avere* verwenden: *Essere* verwendet man, wenn das Reflexivpronomen vor dem konjugierten Verb steht, *avere* hingegen, wenn das Reflexivpronomen an den Infinitiv angehängt wird.
***Mi sono dovuta** alzare presto stamattina.*
***Ho dovuto** alzar**mi** presto stamattina.*

Passato prossimo mit Modalverben

ANWENDEN

1. **Lesen Sie Caterinas Antwort auf Alessios E-Mail und kreuzen Sie die jeweils richtige Option an.**

Caro Alessio,

grazie per l'e-mail. Anche io non ☐ ho potuto / ☐ sono potuta andare all'incontro. La scorsa settimana ☐ ho dovuto / ☐ sono dovuta fare molte cose. Mercoledì mia suocera ☐ ho voluto / ☐ è voluta venire a trovare suo nipote. Quindi dopo il lavoro ☐ ho dovuto / ☐ sono dovuta andare a fare la spesa e ☐ ho dovuto / ☐ sono dovuta cucinare tutta la sera. Giovedì mio figlio Giulio ☐ ha voluto / ☐ è voluto provare a pattinare sul ghiaccio. Purtroppo è caduto e si è fatto male. Così ☐ abbiamo dovuto / ☐ siamo dovuti andare al pronto soccorso e lì ☐ abbiamo dovuto / ☐ siamo dovuti aspettare due ore. Venerdì, il giorno dell'incontro, Giulio non ☐ ha voluto / ☐ è voluto rimanere con la nonna, quindi ☐ ho dovuto / ☐ sono dovuta restare a casa! La prossima volta andiamo insieme all'incontro!

Caterina

2. **Vervollständigen Sie die Sätze mit den Hilfsverben *avere* oder *essere* und den Partizipendungen. Verbinden Sie dann die linke mit der rechten Spalte.**

1. Noi ____________ dovut___ lavorare fino a tardi,
2. Martina non ____________ potut___ venire alla festa
3. Non (io) ____________ potut___ scrivere un'e-mail importante
4. Alessia e Valerio ____________ volut___ organizzare una cena

a. per festeggiare il loro anniversario.
b. perché era malata.
c. così non siamo andati a teatro.
d. perché internet non funzionava.

3. Vervollständigen Sie den Text mit den Verben im *passato prossimo*.

"La scorsa estate sono stato in India con un amico. Prima di partire (noi / volere) __________ informarci bene perché non conoscevamo il Paese. Io (dovere) __________ rinnovare anche il passaporto. Il viaggio è stato bellissimo e abbiamo visto quasi tutte le città in programma. Purtroppo non (noi / potere) __________ visitare Agra perché (noi / volere) __________ rimanere più a lungo a Delhi."

portare in giro	herumführen	l'anniversario	Jahrestag
stressante	stressig	rinnovare il passaporto	den Pass verlängern lassen
pattinare sul ghiaccio	Schlittschuhlaufen		
il pronto soccorso	Notaufnahme		

★ 47 *Passato prossimo* mit Objektpronomen

Wenn das *passato prossimo* mit dem Hilfsverb *avere* gebildet wird, bleibt das Partizip in der Regel unverändert auf *-o* (→ Kap. 44). In einigen Fällen ändert sich jedoch die Endung des Partizips.

◆ *Hai preso la crema solare?* ○ *Sì, **l**'ho comprat**a**.*

◆ *Hai chiamato Elisa e Caterina?* ○ *No, non **le** ho ancora chiamat**e**.*

START

Lesen Sie den Dialog und unterstreichen Sie die Objektpronomen (*lo*, *la*, *li*, *le*) sowie die Partizipendungen.

◆ Allora, Massimo, è tutto pronto? Possiamo partire?
○ Penso di sì.
◆ Hai preso la crema solare?
○ Sì, l'ho comprata stamattina in farmacia.
◆ E gli occhiali da sole?
○ Tranquilla, li ho messi in borsa con le lenti a contatto. Senti, ti sei ricordata di chiedere a Giulio di innaffiare le piante?
◆ No, non l'ho ancora chiamato, ma lo faccio subito.

Passato prossimo mit Objektpronomen

SEHEN

Sehen Sie sich jetzt die Tabelle an und ergänzen Sie die Lücken mit den Objektpronomen und Partizipendungen, die Sie unterstrichen haben.

Passato prossimo mit Objektpronomen		
Sing.	○ Hai chiamato **Giulio?**	◆ Non ____ (= lo) ho ancora chiamat____.
	○ Hai preso **la crema solare?**	◆ Sì, ____ (= la) ho comprat____.
Pl.	○ E **gli occhiali da sole?**	◆ ____ ho mess____ in borsa.
	○ Dove sono **le chiavi?**	◆ **Le** ho lasciate sul tavolo.

VERSTEHEN

Ergänzen Sie nun die folgenden Regeln.

- Stehen die Objektpronomen *lo*, *la*, *li*, *le* vor dem Hilfsverb *avere*, dann ☐ bleibt die Endung des Partizips unverändert. ☐ muss die Endung des Partizips in Geschlecht und Zahl an die Pronomen angeglichen werden.
- Nur die Objektpronomen im ☐ Singular ☐ Plural werden apostrophiert.
- Die Verneinung steht ☐ vor ☐ nach den Objektpronomen.

ANWENDEN

1. Ergänzen Sie mit den passenden Verben im *passato prossimo*.

li ho messi | le ho chiamate | l'ho ascoltata | le ho prese | l'ho incontrato | l'ho comprata

1. ○ Hai sentito la nuova canzone di Giorgia? ▲ Sì, ________________ alla radio poco fa.
2. ○ È tornato Alex da Miami? ▲ Sì, ________________ ieri.
3. ○ Giovanni, hai una nuova auto? ◆ Sì, ________________ un mese fa.
4. ○ Che belle scarpe! ◆ Ti piacciono? ________________ in un negozio del centro.
5. ○ Hai contattato Lara e Mariella? ▲ Sì, ________________ stamattina.
6. ○ Dove sono i miei occhiali da sole? ▲ ________________ nel cassetto.

2. **Zwei neue Mitbewohner. Ergänzen Sie die E-Mail mit den Objektpronomen und Partizipendungen.**

Ciao mamma,
ieri sera ho trovato due cuccioli di cane nel parco. ______ ho pres___ e ______ ho portat___ a casa. Erano sporchi, così ______ ho lavat___. Sono bellissimi: ______ ho chiamat___ Gin e Lemon.
Ti ricordi che la mia amica Anna fa la veterinaria?
Stamattina ______ ho chiamat___ e sono andato con i cuccioli nel suo ambulatorio. Lei ______ ha visitat___ e mi ha detto che stanno bene.
Al ritorno ho visto Martina e Luisa. ______ ho incontrat___ al bar di Tania e ______ ho invitat___ a cena la prossima settimana. Conosci qualcuno che vuole due cuccioli di cane? Se non troviamo nessuno, li possiamo tenere?
Un bacione, Riccardo

la crema solare	Sonnencreme	il cucciolo di cane	Hundewelpe
le lenti a contatto	Kontaktlinsen	il/la veterinario/-a	Tierarzt/-ärztin
il cassetto	Schublade	l'ambulatorio	Praxis

★48 *Imperfetto*

Das *imperfetto* ist eine Vergangenheitsform, die neben dem *passato prossimo* im Italienischen sehr gebräuchlich ist. Das *imperfetto* verwendet man

- um etwas in der Vergangenheit zu beschreiben (z. B. Personen, Gegenstände, Gemütslagen, Orte, Wetterlagen):
  *Marcello **era** magro e **aveva** i capelli biondi. Da bambino **era** timido.*
  ***Pioveva** e **faceva** freddo. In piazza **c'era** poca gente.*
- um Gewohnheiten oder regelmäßig wiederholte Handlungen in der Vergangenheit zu schildern:
  ***Andavamo** sempre in Abruzzo.*

START

Lesen Sie den Dialog und unterstreichen Sie die Verben im *imperfetto*.

- ◆ Che bella questa foto! Ma sei tu da bambino?
- ○ Sì, qui avevo 2 anni ed ero al mare con la mia famiglia. Andavamo sempre in Abruzzo dove i miei genitori prendevano una casa in affitto per tre settimane: mio padre finiva di lavorare il 31 luglio e la sera partivamo per Pineto.
- ◆ Ma non era noioso andare sempre nello stesso posto?
- ○ No, no, per me erano giorni bellissimi perché incontravo "gli amici del mare" e giocavo con loro.

SEHEN

Sehen Sie sich jetzt die Tabelle an und ergänzen Sie die Lücken mit den passenden Verben, die Sie unterstrichen haben.

Imperfetto				
	giocare	**prendere**	**partire**	**essere**
(io)	________	prend**e**vo	part**i**vo	________
(tu)	gioc**a**vi	prend**e**vi	part**i**vi	eri
(lui/lei/Lei)	gioc**a**va	prend**e**va	part**i**va	________
(noi)	giocav**a**mo	prendev**a**mo	________	erav**a**mo
(voi)	giocav**a**te	prendev**a**te	partiv**a**te	erav**a**te
(loro)	gioc**a**vano	________	part**i**vano	________

VERSTEHEN

Ergänzen Sie nun die folgenden Regeln.

- Die Formen des *imperfetto* leiten sich vom Infinitiv ab: Bei der Bildung entfällt die Infinitivendung *-re* (*giocare, prendere, partire*) und die Endungen ________, *vi*, *va*, ________, ________, *vano* werden angehängt.
- Die Endungen des *imperfetto* sind ☐ unterschiedlich ☐ gleich in allen drei Verbgruppen.

! Es gibt einige wenige unregelmäßige Verben. Es ändert sich der Verbstamm, die Endungen bleiben aber gleich.
bere → *bevevo*, *bevevi*... *dire* → *dicevo*, *dicevi*... *fare* → *facevo*, *facevi*...

ANWENDEN

1. **Lösen Sie das Kreuzworträtsel mit den passenden Formen des *imperfetto* und erfahren Sie, was „Schultasche" auf Italienisch heißt.**

a. io / giocare
b. noi / andare
c. voi / dormire
d. tu / sentire
e. loro / essere
f. lui / leggere
g. noi / volere
h. lei / mangiare

2. **Vervollständigen Sie den Dialog mit den Verben im *imperfetto*.**

mangiava | trascorrevamo | uscivo | passavi | andavamo | andavo | giocavamo | faceva | tornava | ci divertivamo | lavorava | cucinava

◆ E come ______ le giornate a casa?

○ Alle 12.30 ______ da scuola e ______ a casa a piedi. Mia madre ______ solo per noi due. Mio padre ______ come impiegato presso un'azienda: non ______ a casa per pranzo, ma ______ in mensa. Il pomeriggio, se ______ caldo, io e i compagni di classe ______ le giornate all'aria aperta: ______ a nascondino o ______ al fiume a pescare. ______ tanto!

3. Die unvergesslichen 80er-Jahre. Vervollständigen Sie den Text mit den Verben im *imperfetto*.

Come (noi / vivere) ___________ negli anni '80? Allora non (esistere) ___________ gli MP3 e i ragazzi (ascoltare) ___________ la musica con le cassette. I giovani (uscire) ___________, (incontrarsi) ___________ al bar del paese. Non (loro / rimanere) ___________ davanti al computer che quasi nessuno (avere) ___________! Non (esserci) ___________ i telefoni cellulari e in vacanza tutti (usare) ___________ la cabina telefonica. La TV italiana (trasmettere) ___________ i cartoni animati giapponesi e la Vespa (essere) ___________ un vero e proprio status symbol.

prendere in affitto	mieten	pescare	angeln
all'aria aperta	im Freien	la cabina telefonica	Telefonzelle
il nascondino	Versteckspiel	i cartoni animati	Zeichentrickfilme

★49 *Imperfetto oder passato prossimo?*

Die Verwendung von *imperfetto* und *passato prossimo* ist anders als die von Präteritum und Perfekt im Deutschen. Die Unterscheidung ist für Lernende nicht immer einfach, doch mit ein bisschen Übung kann man ein Gefühl für die Verwendung dieser Zeiten entwickeln.

*Da bambina **trascorrevo** sempre le vacanze a Orbetello.*
*L'estate scorsa **siamo tornati** in Toscana.*

START

Lesen Sie den Reisebericht und unterstreichen Sie mit zwei verschiedenen Farben die Verben im *passato prossimo* und im *imperfetto*.

Da bambina trascorrevo sempre le vacanze a Orbetello perché il nonno aveva una casa lì. Così l'estate scorsa, a settembre, io e mio marito siamo tornati in Toscana e ci siamo rimasti per due settimane. Il tempo era bello e non faceva troppo caldo. Abbiamo visitato la zona della Maremma e alcune isole. Un giorno siamo stati anche alle terme a Saturnia.

SEHEN

Sehen Sie sich jetzt die Tabelle an und ergänzen Sie die Lücken mit den Verben, die Sie unterstrichen haben.

Passato prossimo	A settembre io e mio marito ____________ in Toscana. ____________ la zona della Maremma. Ci ____________ per due settimane. Un giorno ____________ anche alle terme a Saturnia. **Abbiamo fatto** la spesa e poi **abbiamo preso** un caffè in centro.
Imperfetto	Da bambina ____________ sempre le vacanze a Orbetello. Il nonno ____________ una casa lì. Il tempo ____________ bello e non ____________ troppo caldo.

VERSTEHEN

Ergänzen Sie nun die folgenden Regeln.

- Bei abgeschlossenen Handlungen (*l'estate scorsa*) oder einmaligen Handlungen (*un giorno*) verwendet man das ☐ *imperfetto*. ☐ *passato prossimo*.
- Bei der Wiedergabe nacheinander stattgefundener Handlungen verwendet man das ☐ *imperfetto*. ☐ *passato prossimo*.
- Bei Gewohnheiten und regelmäßigen Handlungen verwendet man das ☐ *imperfetto*. ☐ *passato prossimo*.
- Bei Beschreibungen und Zuständen verwendet man das ☐ *imperfetto*. ☐ *passato prossimo*.

! Es gibt einige Signalwörter, die uns bei der Einschätzung helfen, wann *passato prossimo* und *imperfetto* verwendet werden.

passato prossimo:	***imperfetto:***
poi	*da bambino/-a*
una volta	*da piccolo/-a*
un giorno	*normalmente*
a settembre	*sempre*
per due settimane	*ogni giorno*
	tutte le mattine

Imperfetto oder passato prossimo?

ANWENDEN

1. Lesen Sie den Dialog und kreuzen Sie die jeweils richtige Option an.

- ◆ Pronto?
- ○ Pronto. Ciao, Valeria. Sono Federica. ☐ Siete tornati / ☐ Tornavate dalle vacanze?
- ◆ Ciao, Federica. Sì, ☐ siamo arrivati / ☐ arrivavamo a casa ieri sera.
- ○ Com' ☐ è andato / ☐ andava il viaggio?
- ◆ Benissimo! ☐ Abbiamo passato / ☐ Passavamo 15 giorni fantastici. Adesso ti racconto: tutte le mattine ☐ ci siamo alzati / ☐ ci alzavamo sempre verso le 7.30 e ☐ siamo andati / ☐ andavamo in spiaggia. A quell'ora non ☐ ci è stato / ☐ c'era nessuno. Il pomeriggio ☐ ci siamo riposati / ☐ ci riposavamo e poi di solito ☐ abbiamo fatto / ☐ facevamo un giro in centro. La sera ☐ siamo usciti / ☐ uscivamo a prendere un gelato.
- ○ E com' ☐ è stato / ☐ era il mare?
- ◆ Molto pulito, anche se l'acqua ☐ è stata / ☐ era un po' fredda.
- ○ Che bella vacanza! Anch'io ☐ sono stata / ☐ ero a Orbetello una volta e la zona ☐ mi è piaciuta / ☐ mi piaceva molto.

2. Vervollständigen Sie die Erzählung mit den passenden Verben, wie im Beispiel.

mi sono iscritto | è stato | ho frequentato | ero | conoscevo | parlavo | lavoravo | avevo | ~~vivevo~~ | ho deciso | ho cominciato | ho trovato | ha ordinato | avevo

"Da giovane vivevo in un piccolo paese e ______ come impiegato. Non ______ soddisfatto della mia vita, così a 25 anni ______ di andare a Dublino. All'inizio ______ nostalgia di casa: non ______ un lavoro, non ______ nessuno

e non ________________ l'inglese bene. Poi ________________ un corso di lingua per 6 mesi e ________________ a conoscere nuove persone. ________________ a un corso in palestra e ________________ un lavoro in un pub. Una sera, mentre servivo al bancone, una ragazza ________________ una birra: ________________ amore a prima vista! Da allora siamo una coppia..."

3. Auf dem Schokoladenfestival. Vervollständigen Sie den Text mit den Verben im *passato prossimo* oder *imperfetto*.

Roberta racconta:

"Il fine settimana scorso (io / essere) ________________ a Perugia. (io / arrivare) ________________ verso le 10: Prima (visitare) ________________ il centro storico: il tempo (essere) ________________ bello, non (fare) ________________ freddo. Poi, il pomeriggio, (andare) ________________ all'Eurochocolate e (fare) ________________ un giro tra gli stand: (esserci) ________________ dolci di tutti i tipi! (provare) ________________ un budino al cardamomo: (essere) ________________ veramente squisito! (trovare) ________________ anche dei biscotti al cioccolato che (io / mangiare) ________________ sempre quando (essere) ________________ bambina. Mia nonna li (comprare) ________________ solo per me perché a mio fratello e ai miei cugini non (piacere) ________________."

soddisfatto	zufrieden	il budino	Pudding
la nostalgia di casa	Heimweh	il cardamomo	Kardamom
il bancone	Theke	squisito	exquisit, lecker
l'amore a prima vista *m*	Liebe auf den ersten Blick		

Verben: weitere Zeiten und Modi

★ 50 Imperativ

Wie im Deutschen verwendet man den Imperativ, um Befehle, Anweisungen oder Ratschläge auszudrücken.
*Per favore, **vai** al supermercato e **compra** un po' di verdura per stasera.*
***Compili** il modulo e lo **mandi** a questo indirizzo e-mail.*

START

Lesen Sie Marilisas informelle und formelle E-Mail und unterstreichen Sie mit zwei verschiedenen Farben die Verben im Imperativ in der Du-Form *(tu)* und die Verben im Imperativ in der Sie-Form *(Lei)*.

Ciao Franco,
sono ancora in ufficio. Per favore, vai al supermercato e prendi un po' di verdura per stasera. Non comprare pomodori perché ne abbiamo ancora. Se hai tempo, pulisci la cucina, per favore. E ricordati di chiamare Raffaella, oggi è il suo compleanno. Un bacio,
Marilisa

Gentile Sig.ra Alberti,
per completare l'iscrizione vada sul nostro sito internet, compili il modulo e lo mandi a questo indirizzo. Non si dimentichi di inviare la ricevuta di pagamento.
Un cordiale saluto,
Marilisa Vinci

SEHEN

Sehen Sie sich jetzt die Tabellen an und ergänzen Sie die Lücken mit den fehlenden Verben aus den beiden E-Mails.

Regelmäßige Verben				
	-are	-ere	-ire	-ire *(-isc-)*
	mandare	prendere	sentire	pulire
(tu)	manda	________	senti	________
(Lei)	________	prenda	senta	pulisca

Unregelmäßige Verben								
	andare	**avere**	**bere**	**dare**	**essere**	**fare**	**stare**	**venire**
(tu)	_____ /va'	abbi	bevi	dai / da'	sii	fai / fa'	stai / sta'	vieni
(Lei)	_____	abbia	beva	dia	sia	faccia	stia	venga

VERSTEHEN

Ergänzen Sie nun die folgenden Regeln.

- Der Imperativ der Du-Form *(tu)* hat bei Verben auf _____ und _____ die Endung *-i* und entspricht dem Indikativ Präsens der 2. Person Singular. Bei Verben auf *-are* ist die Endung der Du-Form _____.
- Der Imperativ der Sie-Form *(Lei)* hat die Endung _____ bei Verben auf *-ere* und *-ire* und die Endung _____ bei Verben auf *-are*.
- Bei der Du-Form werden die Reflexivpronomen sowie die unbetonten Objektpronomen ☐ vor die Imperativform gestellt. ☐ an den Imperativ angehängt. Bei der Sie-Form werden die Pronomen ☐ vor die Imperativform gestellt. ☐ an den Imperativ angehängt.
- Der verneinte Imperativ der Du-Form wird mit *non* + ☐ Imperativform ☐ Infinitivform des Verbs gebildet.

ANWENDEN

1. **Imperative für den Alltag. Bilden Sie den Imperativ (Du- oder Sie-Form) dieser alltäglichen Ausdrücke mithilfe der Tabellen der Aktivität „Sehen".**

tu	Lei
Chiudi la porta, per favore.	_____
_____	All'incrocio giri a destra.
_____	Entri pure!
Senti, scusa, che ore sono?	_____
_____	Stia tranquilla!
Fa' attenzione!	_____
Guarda, è qui vicino.	_____

2. Tipps für ein langes Leben. Vervollständigen Sie die Sätze mit den Verben im Imperativ (Du-Form).

1. (scegliere) __________ un'alimentazione equilibrata.
2. (dormire) __________ almeno 7 ore, ma (alzarsi) __________ presto la mattina.
3. (fare) __________ una vita socialmente attiva.
4. Non (arrabbiarsi) __________ e non (discutere) __________ inutilmente.
5. (dedicare) __________ un po' di tempo a te stesso e agli amici.

3. Beim Arzt. Vervollständigen Sie den Dialog mit dem jeweils passenden Verb im Imperativ (Sie-Form).

torni | beva | metta | dica | mangi | si preoccupi | si accomodi | prenda | eviti

○ Buongiorno, signora. Prego, __________.

◆ Buongiorno, dottore.

○ Mi __________.

◆ Da qualche giorno ho un'irritazione alla pelle.

○ Vediamo... Non __________, non è nulla di grave. Le do questa pomata: la __________ due o tre volte al giorno. Nel frattempo __________ cibi leggeri, __________ le bevande alcoliche e __________ molta acqua. Se la situazione non migliora, __________ un appuntamento con la mia assistente e __________ fra una settimana.

◆ La ringrazio. Arrivederci.

! Die Formen des Imperativs im Plural (*voi*) sind identisch mit den Formen der 2. Person Plural (*voi*) des Präsens Indikativ.
guardare → (*voi*) *guardate* → *Guardate!* (Schaut / Schauen Sie!)
Der verneinte Imperativ der Ihr-Form wird mit *non* + Imperativform gebildet.
*Non **dimenticate** il passaporto a casa!*

compilare il modulo	das Formular ausfüllen	equilibrato	ausgewogen
ricordarsi	sich erinnern	arrabbiarsi	sich aufregen
la ricevuta di pagamento	Zahlungsbeleg	inutilmente	*hier:* unnötigerweise
l'incrocio	Kreuzung	dedicare (a)	widmen
		accomodarsi	Platz nehmen
		la pomata	Salbe

★ 51 *Condizionale semplice*

Das *condizionale semplice* verwendet man, um eine Vermutung, einen Wunsch, einen Rat, einen Vorschlag oder eine höfliche Bitte auszudrücken.

***Frequenterei** volentieri un corso di cucina.*	(Ich würde gerne einen Kochkurs besuchen.)
***Dovresti** fare più sport.*	(Du solltest mehr Sport treiben.)
***Avresti** voglia di uscire?*	(Hättest du Lust auszugehen?)
***Potrebbe** portare del pane, per favore?*	(Könnten Sie uns bitte Brot bringen?)

START

Lesen Sie den Forumsbeitrag und unterstreichen Sie alle Formen des *condizionale semplice*, wie im Beispiel.

Ciao a tutti!
Per il 1° maggio io e mio marito abbiamo qualche giorno di ferie. Lui vorrebbe fare una vacanza in totale relax, io preferirei visitare qualche posto interessante. Idee?

Se non ci siete mai stati, vi consiglierei di andare sul Lago di Garda, a Sirmione. Sarebbe la soluzione perfetta: vi riposereste in un centro benessere, fareste un giro alle terme di Catullo e visitereste anche il Castello Scaligero. Relax e cultura, proprio come vuoi tu! Al vostro posto, però, prenderei le biciclette per visitare i piccoli paesi nei dintorni.

51 *Condizionale semplice*

SEHEN

Sehen Sie sich jetzt die Tabelle an und ergänzen Sie die Lücken mit den passenden Verben, die Sie unterstrichen haben.

	visitare	**prendere**	**preferire**
(io)	visiter**ei**	___	___
(tu)	visiter**esti**	prender**esti**	preferir**esti**
(lui/lei/Lei)	visiter**ebbe**	prender**ebbe**	preferir**ebbe**
(noi)	visiter**emmo**	prender**emmo**	preferir**emmo**
(voi)	___	prender**este**	preferir**este**
(loro)	visiter**ebbero**	prender**ebbero**	preferir**ebbero**

VERSTEHEN

Ergänzen Sie nun die folgenden Regeln.

- Bei der Bildung des *condizionale semplice* wird die Infinitivendung um den letzten Vokal gekürzt und die Endungen des *condizionale semplice* werden angehängt.
- Bei den Verben auf *-are*, wie z. B. *visitare*, wird das *-a-* der Infinitivendung zu ___: *visitare* → *visiterei*.
  Ausnahmen: *dare* → *darei*, *fare* → *farei*, *stare* → *starei*.
- Die Endungen sind in allen drei Konjugationen ☐ unterschiedlich. ☐ gleich.
- Bei den Verben auf *-care* (*cercare*) und *-gare* (*pagare*) wird ein *-h-* vor der Endung hinzugefügt, um die harte Aussprache beizubehalten: *cercare* → *cercherei*, *pagare* → *pagherei*.

! Bei den unregelmäßigen Verben ändert sich der Stamm, die Endungen sind aber die gleichen wie bei den regelmäßigen Verben.

essere → *sarei*, *saresti*, *sarebbe*, *saremmo*, *sareste*, *sarebbero*

andare → *andrei*
avere → *avrei*
dovere → *dovrei*
potere → *potrei*

sapere → *saprei*
rimanere → *rimarrei*
tenere → *terrei*
volere → *vorrei*

ANWENDEN

1. **Verbinden Sie die drei Spalten zu sinnvollen Sätzen, wie im Beispiel.**

a. Noi	dovresti vedere	i documenti?
b. Signora Pozzi,	piacerebbe frequentare	per visitare i Musei Vaticani.
c. Giorgio	mi aiutereste a portare	l'ultimo film di Salvatores.
d. Luca,	preferiremmo prendere	ai Caraibi la prossima estate.
e. Io	vorrebbe andare a Roma	il treno.
f. Mi	ci potrebbe inviare	la lavatrice in cantina?
g. Marcello, Luigi,	andrei volentieri	un corso di scrittura creativa.

2. **Lesen Sie den Dialog zwischen Barbara und ihrem Mann und kreuzen Sie die jeweils richtige Option an.**

- ○ Che tranquillità! Questo posto è bellissimo. ☐ Sarei / ☐ Sarebbe bello avere una casa sul lago, lontano dalla città.
- ◆ Eh sì, anche a me ☐ piacerebbe / ☐ piacerei vivere qui, ma ☐ dovrebbero / ☐ dovremmo cambiare lavoro e casa.
- ○ Sì, è vero. Non ☐ sarebbe / ☐ sareste facile all'inizio. Ma così ☐ potreste / ☐ potremmo iniziare una nuova vita. Secondo me, non ci ☐ sarebbe / ☐ sarebbero tanti problemi: io ☐ cercherebbe / ☐ cercherei un nuovo lavoro nel settore turistico e tu ☐ potreste / ☐ potresti continuare a lavorare come architetto.
- ◆ E Luca e Martina? ☐ Dovrebbe / ☐ Dovrebbero cambiare scuola...
- ○ Loro ☐ sarebbe / ☐ sarebbero contenti di vivere vicino al lago. ☐ Andreste / ☐ Andrebbero a scuola qui e ☐ conoscerebbero / ☐ conoscerebbe nuovi bambini. Il cambiamento ☐ farei / ☐ farebbe bene a tutti noi!

3. **Lesen Sie die E-Mail und vervollständigen Sie sie mit den Verben im *condizionale semplice*.**

Ciao Federico,

allora, hai deciso? Secondo me, (tu / dovere) ________________ accettare l'offerta di lavoro a Parigi. Al posto tuo, (io / partire) ________________ subito! (essere) ________________ una buona possibilità per la tua carriera. (tu / vivere) ________________ in una città vivace e (imparare) ________________ il francese. Ho un amico che abita a Parigi. Secondo me, ti (lui / aiutare) ________________ a cercare un appartamento. E Pamela? (lei / essere) ________________ pronta a venire con te in Francia? (voi / potere) ________________ provare ad avere una relazione a distanza, ma non (essere) ________________ facile.

(tu / avere) ________________ voglia di uscire domani? Così ne parliamo!

Barbara

la soluzione	Lösung	decidere	beschließen
il centro benessere	Wellnesscenter	al posto tuo	an deiner Stelle
i dintorni	Umgebung	la carriera	Karriere
la cantina	Keller	la relazione a distanza	Fernbeziehung
il cambiamento	Veränderung		

★ 52 *Futuro semplice*

Das *futuro semplice* verwendet man, wie im Deutschen das Futur, um über Ereignisse in der Zukunft zu sprechen.

*Gli uomini **faranno** vacanze nello spazio.*
*Il futuro **porterà** grandi rivoluzioni.*
*Dopo l'università **partirò** per gli Stati Uniti.*

START

Lesen Sie den Text und unterstreichen Sie die Verben im *futuro semplice*, wie im Beispiel.

LA VITA NEL 2080

Secondo gli esperti, il futuro portera grandi rivoluzioni. Il computer assumerà un ruolo centrale nella nostra vita e i robot saranno strumenti quotidiani come la TV. Gli uomini partiranno per altri pianeti e faranno vacanze nello spazio. Le auto avranno un pilota automatico e forse noi parleremo molte lingue con traduttori digitali. I medici guariranno alcune malattie del XX secolo e forse vivremo più a lungo.

SEHEN

Sehen Sie sich jetzt die Tabelle an und ergänzen Sie die Lücken mit den Formen, die Sie unterstrichen haben.

	parlare	assumere	partire	essere
(io)	parlerò	assumerò	partirò	sarò
(tu)	parlerai	assumerai	partirai	sarai
(lui/lei/Lei)	parlerà	______	partirà	sarà
(noi)	______	assumeremo	partiremo	saremo
(voi)	parlerete	assumerete	partirete	sarete
(loro)	parleranno	assumeranno	______	______

VERSTEHEN

Ergänzen Sie nun die folgenden Regeln.

- Das *futuro* wird analog zum *condizionale* (→ Kap. 51) gebildet. Die Formen des *futuro semplice* leiten sich vom Infinitiv (Grundform) ab. Die Endungen sind in allen drei Verbgruppen ☐ unterschiedlich. ☐ gleich.

- Bei den Verben auf *-are* (*parlare*) wird das *-a* der Infinitivendung zu ____:
  parlare → *parlerò*. Ausnahmen: *dare* → *darò*, *fare* → *farò*, *stare* → *starò*.
- Bei den Verben auf *-care* (*cercare*) und *-gare* (*pagare*) wird ein *-h-* vor der Endung eingefügt, um die harte Aussprache beizubehalten:
  pagare → *pagherò*, *cercare* → *cercherò*.

! Bei den unregelmäßigen Verben ändert sich der Stamm, die Endungen sind aber die gleichen wie bei den regelmäßigen Verben.

andare → *andrò*	*rimanere* → *rimarrò*	*venire* → *verrò*
avere → *avrò*	*sapere* → *saprò*	*vivere* → *vivrò*
potere → *potrò*	*tenere* → *terrò*	*volere* → *vorrò*

ANWENDEN

1. Lösen Sie das Rätsel mit den passenden Formen des *futuro semplice*. Die dunkel hinterlegten Kästchen ergeben ein Wort zum Thema *Zukunft*.

a. tu / aprire
b. noi / tenere
c. voi / volere
d. io / offrire
e. lei / prendere

Z

f. io / vivere
g. loro / fare

2. Zukunftspläne. Lesen Sie den Dialog und ergänzen Sie ihn mit dem jeweils passenden Verb.

verrà avremo andremo ritornerà partirò visiteremo
rimarrò frequenterò sarà farai

◆ Allora, Marta, che cosa ______________ dopo l'università l'anno prossimo?
○ Dopo gli esami ______________ per gli Stati Uniti e ______________ un corso di specializzazione a Chicago.
◆ ______________ sicuramente una bella esperienza! E il tuo ragazzo?

- Il mio fidanzato ___________ con me il primo mese: ___________ alcune città americane prima dell'inizio del corso. Poi lui ___________ in Italia e io ___________ in America. ___________ una relazione a distanza per un anno. Poi, al mio ritorno, ___________ a vivere insieme...

3. **Was sagen die Sterne für das Sternzeichen Zwillinge? Vervollständigen Sie den Text mit den Verben im *futuro semplice*.**

Oroscopo per il segno dei Gemelli

Dopo un periodo difficile il nuovo anno (essere) ___________ positivo e (portare) ___________ grandi successi. (voi / iniziare) ___________ l'anno con energia e (voi / potere) ___________ dedicarvi ai vostri progetti. I primi mesi dell'anno (essere) ___________ importanti: se volete cambiare lavoro, (voi / dovere) ___________ farlo ad aprile. In amore le persone dei Gemelli (avere) ___________ buone possibilità di conoscere il partner ideale: la vostra simpatia vi (aiutare) ___________ molto! In autunno (voi / avere) ___________ qualche piccolo problema di salute, ma l'anno (finire) ___________ con una bella sorpresa.

lo spazio	*hier:* Weltall	il corso di specializzazione	Spezialisierungskurs
la rivoluzione	Revolution	la relazione a distanza	Fernbeziehung
assumere un ruolo	eine Rolle einnehmen	il successo	Erfolg
il pilota automatico	Autopilot	dedicarsi (a)	sich widmen
guarire	heilen	la salute	Gesundheit

★ 53 *stare + gerundio*

Die Verlaufsform *stare* + *gerundio* beschreibt eine Handlung, die sich gerade vollzieht. Im Deutschen wird diese Konstruktion mit *gerade* ausgedrückt.
***Sto guardando** la TV.* (Ich schaue gerade fern.)

53 *stare + gerundio*

START

Lesen Sie den Nachrichtenaustausch und unterstreichen Sie die Formen von *stare* + *gerundio*.

Che cosa state facendo di bello?

Niente di speciale. Io sto leggendo un libro, Luisa sta dormendo sul divano.

Anche io sono a casa e sto guardando la TV...

Perché non usciamo?

Ma dove vuoi andare? Fa freddo! Io oggi resto a casa.

Io uscirei volentieri. Mi passi a prendere?

OK, fra mezz'ora sono da te.

SEHEN

Sehen Sie sich jetzt die Tabellen an und ergänzen Sie die Formen von *stare* + *gerundio*.

stare + gerundio		
(io)	______	
(tu)	stai	______ la TV.
(lui/lei/Lei)	______	______ un libro.
(noi)	stiamo	______ sul divano.
(voi)	______	
(loro)	stanno	

Unregelmäßige Formen des gerundio
fare → ______; bere → bevendo; dire → dicendo

VERSTEHEN

Ergänzen Sie nun die folgenden Regeln.

- Bei der Bildung des *gerundio* der Verben auf *-are* wird die Endung ________ an den Verbstamm angehängt.
- Bei der Bildung des *gerundio* der Verben auf *-ere* und *-ire* wird die Endung ________ an den Verbstamm angehängt.

ANWENDEN

1. **Was machen diese Personen gerade? Bilden Sie Sätze mit dem Präsens von *stare* + *gerundio*. Achten Sie auf die Artikel und die Präpositionen.**

   a. Cristina – uscire – da – la posta

   ____

   b. la signora Pocci – salire – su – il tram

   ____

   c. io – parlare – a – il telefono – con – il mio – ragazzo

   ____

   d. Luca e Giovanni – bere – un cappuccino – a – il bar

   ____

2. **Vervollständigen Sie das Gespräch mit *stare* + *gerundio* der Verben in Klammern.**

   ○ Pronto?

   ◆ Pronto. Ciao, Luca.

   ○ Oh, mamma, ciao. Tutto bene?

   ◆ Tutto bene. Voi come state? Che cosa (voi / fare) ________________?

   ○ Ma nulla di speciale. Io sono nello studio e (leggere) ________________ una rivista. Luisa è in cucina, (cucinare) ________________ perché fra poco ceniamo. I bambini sono in camera: Marta (giocare) ________________ al computer, Cristian (finire) ________________ i suoi compiti e Luca (ascoltare) ________________ della musica. Come sta papà? Che cosa (lui / fare) ________________?

   ◆ Tuo padre sta bene. È in cantina, (riparare) ________________ una vecchia lavatrice.

! Die Konstruktion *stare* + *gerundio* ist nur mit den einfachen Zeiten (*presente*, *imperfetto*, *futuro*) möglich. Oft kommt diese Konstruktion in Erzählungen in der Vergangenheit vor.
*Ieri **stavo mangiando** quando è arrivata Giulia.*

passare a prendere	abholen	la cantina	Keller
il compito	Hausaufgabe	la lavatrice	Waschmaschine

★ 54 *stare per*

Die Konstruktion *stare per* beschreibt Handlungen, die unmittelbar bevorstehen bzw. in der nahen Zukunft geschehen werden. Im Deutschen wird diese Konstruktion mit *gerade etwas tun wollen / gerade dabei sein, etwas zu tun* wiedergegeben.
***Sto per andare** in centro.* (Ich bin gerade dabei, in die Stadt aufzubrechen.)

START

Lesen Sie den Dialog und unterstreichen Sie die *stare per*-Konstruktion.

- ○ Sta per cominciare il *Maggio Musicale Fiorentino*. Ci andiamo?
- ◆ Sì, dai! Però, secondo me, è difficile trovare biglietti a buon prezzo. È un po' tardi ora.
- ○ Senti, io sto per andare in centro. Se vuoi, passo dal *Teatro del Maggio* e chiedo in biglietteria.

SEHEN

Sehen Sie sich jetzt die Tabelle an und ergänzen Sie die Lücken mit den fehlenden Verben, die Sie unterstrichen haben.

stare per
________ per ________________ in centro.
Il *Maggio Musicale Fiorentino* ________ per ________________.
State per **partire** per le vacanze?
Luca e Alessia **stanno** per **laurearsi**. (= **Si stanno** per **laureare**.)

VERSTEHEN

Ergänzen Sie nun die folgenden Regeln.

- Die Konstruktion *stare per* wird mit einer Form des Verbs ________ + *per* + ☐ konjugiertes Verb ☐ Verb in der Infinitivform gebildet.
- Bei reflexiven Verben, wie *laurearsi*, kann das Reflexivpronomen (*mi*, *ti*, *si*...) an den Infinitiv angehängt werden oder ☐ vor ☐ nach *stare* stehen.

ANWENDEN

1. Verbinden Sie die linke mit der rechten Spalte und vervollständigen Sie die Sätze mit *stare per*.

1. Che brava! Ho saputo che...	a. ______________ finire!
2. Scusa, non ho tempo. Ora...	b. ______________ cadere!
3. Fra una settimana torniamo al lavoro. Le ferie...	c. stai per ______________ laurearti!
4. Attento! Quel vaso...	d. ______________ andare a fare la spesa.
5. Guarda che nuvole:	e. ______________ diventare nonna!
6. Mamma, ho una bella notizia...	f. ______________ piovere!

2. Bilden Sie Sätze mit *stare per* + Infinitiv. Folgen Sie dem Beispiel.

Esempio: noi – finire l'università   Stiamo per finire l'università.

a. Lucia – farsi la doccia ______________________________

b. Guido e Martina – sposarsi ______________________________

c. io – partire – per le vacanze ______________________________

d. Mariella – aprire – un negozio ______________________________

e. il film – iniziare ______________________________

! Die Konstruktion *stare per* + Infinitiv ist nur mit den einfachen Zeiten (*presente*, *imperfetto*, *futuro*...) möglich.
*Ieri **stavo per uscire** quando ho ricevuto una telefonata.*

a buon prezzo	günstig	laurearsi	das Studium abschließen
Attento/-a!	*hier:* Pass auf!		

Satzbau

55 Bejahter Aussagesatz

Ein Aussagesatz besteht aus mindestens einem Subjekt und einem Verb. Der Aussagesatz kann mit Objekten und Ergänzungen wie Temporal- und Lokalangaben erweitert werden. In der Regel ist die Wortstellung ähnlich wie im Deutschen.

Io e Roberta guardiamo un film. (Roberta und ich schauen einen Film.)
Giovanni va al cinema. (Giovanni geht ins Kino.)

START

Lesen Sie den Dialog und unterstreichen Sie mit verschiedenen Farben das Subjekt (Nominativ, Wer-Fall), das Verb, das direkte Objekt (Akkusativ, Wen-Fall) sowie weitere Objekte (Temporal- oder Lokalangaben).

- Che cosa fate stasera?
- Io e Roberta guardiamo un film in TV.
- Una mia collega organizza una festa a casa sua e quindi stasera... PARTYYYY!
- Ho lavorato fino a tardi. Resto a casa e leggo un libro.
- Io preparo le lasagne... Mia suocera viene a pranzo domani!

SEHEN

Sehen Sie sich jetzt die Tabelle an und ergänzen Sie die Lücken mit den Satzteilen, die Sie unterstrichen haben.

Aussagesatz			
(Objekte)	**Subjekt**	**Verb**	**Objekte**
	Io e Roberta	________	________ in TV.
	________	organizza	________ ________.
	________	preparo	________.
	(Io)	________	un libro.
	(Io)	resto	________.
(Domani)	________	________	a pranzo (________).
	(Io)	____ ______	fino a tardi.

VERSTEHEN

Ergänzen Sie nun die folgenden Regeln.

- Im Italienischen ist die Reihenfolge eines Aussagesatzes ____________ + ____________ + (Objekt/Objekte).
- Die Zeitangaben ☐ stehen nur am Satzende. ☐ können am Satzanfang oder am Satzende stehen.
- Bei den Verben im *passato prossimo* ☐ muss das konjugierte Hilfsverb (*essere* oder *avere*) vom Partizip getrennt werden. ☐ darf das konjugierte Hilfsverb (*essere* oder *avere*) nicht vom Partizip getrennt werden.

Trifft ein direktes Objekt (Akkusativ, Wen-Fall) auf ein indirektes Objekt (Dativ, Wem-Fall), ist die Satzstellung anders als im Deutschen: Das direkte Objekt steht im Italienischen vor dem indirekten Objekt.
Marina regala un libro a suo fratello.
Marina schenkt ihrem Bruder ein Buch.

ANWENDEN

1. **Bringen Sie die durcheinandergeratenen Satzteile in die jeweils richtige Reihenfolge.**
   a. un caffè – Lucia – la mattina – beve ____________
   b. regala – a un'amica – Mara – un libro ____________
   c. con gli amici – domani – esco ____________
   d. leggiamo – la sera – un libro ____________

2. **In jedem dieser Sätze gibt es einen Fehler im Satzbau. Suchen Sie die Fehler und schreiben Sie die Sätze richtig um.**
   a. Ieri io e Anna siamo al lago andati. ____________
   b. Domani ha Giovanni un esame. ____________
   c. Sara invia a Marta un'e-mail. ____________
   d. I giocattoli la nonna regala ai bambini. ____________

la suocera	Schwiegermutter	il giocattolo	Spielzeug

56 Verneinter Aussagesatz

Im Italienischen wird die Verneinung durch *no* und *non* ausgedrückt.
No bedeutet normalerweise *nein*. Wenn *no* am Satzende steht (meistens in einer Frage), kann es aber auch *nicht* bedeuten.

- ○ *Vuoi un caffè?* ◆ ***No**, grazie.* (Möchtest du einen Kaffee? Nein, danke.)
- ○ *Andiamo o **no**?* (Gehen wir oder nicht?)

Non entspricht dem deutschen *nicht*.
*Mara **non** va al lavoro oggi.* (Mara geht heute nicht zur Arbeit.)

! Das Verneinungswort *non* kann im Deutschen *kein/e* bedeuten.
***Non** ho tempo.* (Ich habe keine Zeit.)
***Non** ho voglia.* (Ich habe keine Lust.)

START

Lesen Sie den Dialog und unterstreichen Sie alle Verneinungswörter.

- ○ Allora, stasera vieni o no?
- ◆ Mah, non so. Non mi sento molto bene e poi non conosco nessuno.
- ○ Giovanna, non è possibile! Non esci più di casa! Dai, vieni... Non sono mai stato a una cena in bianco e non ci voglio andare da solo.

SEHEN

Sehen Sie sich jetzt die Tabelle an und ergänzen Sie die Lücken mit den Verneinungen, die Sie unterstrichen haben.

Verneinter Aussagesatz	
Vieni o ___________?	
___________ so.	___________ è possibile!
___________ mi sento bene.	___________ ci voglio andare da solo!
___________ conosco ___________.	
___________ esci ___________ di casa!	
___________ sono ___________ stato a una cena in bianco.	

VERSTEHEN

Ergänzen Sie nun die folgenden Regeln.

- *Non* steht in der Regel unmittelbar ☐ vor dem konjugierten Verb. ☐ nach dem konjugierten Verb.
- Treten im Satz Objekt- und Reflexivpronomen auf, steht *non* ☐ vor den Pronomen. ☐ nach den Pronomen.
- Im Italienischen gibt es die sogenannte doppelte Verneinung. Wenn im Satz ein Negationsausdruck wie *niente*, *mai*, *nessuno*, *più* vorkommt, muss zusätzlich ______ vor dem Verb stehen.

! Ausdrücke wie *ich glaube nicht, ich denke nicht, ich hoffe nicht* werden im Italienischen mit *di no* wiedergegeben.
*Credo **di no.*** / *Penso **di no.*** / *Spero **di no.***

ANWENDEN

1. Bringen Sie die Wörter in die jeweils richtige Reihenfolge.

a. non palestra oggi in vado ______
b. tardi mi non settimana il alzo fine ______
c. uscire Cristina non voglia ha di ______
d. gli musica la non piace italiana ______
e. bevo caffè a mai colazione il non ______

2. *No* oder *non*? Kreuzen Sie die jeweils richtige Option an.

1. ○ Allora, usciamo o ☐ no / ☐ non? ◆ ☐ No / ☐ Non, mi dispiace, ma ☐ no / ☐ non ho tempo.
2. ○ Ti posso offrire un caffè? ◆ ☐ No / ☐ Non grazie, ☐ no / ☐ non lo bevo mai dopo le quattro. Altrimenti ☐ no / ☐ non dormo.
3. ○ Luca vive ancora a Londra? ◆ Credo di ☐ no / ☐ non, ma ☐ no / ☐ non lo sento da un anno.

3. Verneinen Sie die folgenden Sätze.

a. Le piace viaggiare. ______________________

b. Stasera ho voglia di andare al ristorante. ______________________

c. Ho visto la Pinacoteca di Brera. ______________________

d. Ci alziamo presto la mattina. ______________________

la cena in bianco	Dinner in Weiß	altrimenti	ansonsten

57 Fragesatz

Im Italienischen gibt es im Satzbau in der Regel keinen Unterschied zwischen Aussage- und Fragesatz. Die Unterscheidung erfolgt durch die Satzmelodie: Bei einer Frage hebt sich die Stimme, bei einer Aussage hingegen fällt die Stimme ab.

È un interrogatorio. *È un interrogatorio?*

Wie im Deutschen können Fragen durch Fragewörter eingeleitet werden.

***Dove** vai? Vado al cinema.*

START

Lesen Sie den Dialog und unterstreichen Sie alle Fragewörter.

- ○ Mamma, stasera non torno a casa per cena.
- ◆ Ah, ma dove vai?
- ○ Vado al cinema con Alessandra.
- ◆ Alessandra? E chi è?
- ○ È una mia collega, ma non la conosci.
- ◆ E che film andate a vedere?
- ○ *Se Dio vuole* con Alessandro Gassman.
- ◆ Quando torni?
- ○ Mamma, ma quante domande! È un interrogatorio?

SEHEN

Sehen Sie sich jetzt die Tabelle an und tragen Sie die fehlenden Fragewörter ein, die Sie unterstrichen haben.

Fragewörter	
E ________ è?	(Wer?)
Che cosa cucini per cena?	(Was?)
________ film andate a vedere? **Che** lavoro fai?	(Welcher/-e/-s?)
Quale film vediamo? **Quale** camicia metto? **Quali** libri di Saviano hai letto? **Qual** è il tuo numero di telefono?	(Welcher/-e/-s?)
Come ti chiami?	(Wie?)
Ah, ma ________ vai?	(Wo?/Wohin?)
Di dove sei?	(Woher?)
Perché non mangi?	(Warum?)
________ torni?	(Wann?)

VERSTEHEN

Ergänzen Sie nun die folgenden Regeln.

- Bei Fragen mit Fragenwörtern steht das Fragewort ☐ vor dem Verb. ☐ nach dem Verb.
- Nach dem Fragewort *che* steht ☐ ein Verb. ☐ ein Substantiv.
- *Quale* kann als Adjektiv (in Verbindung mit einem Substantiv) oder als Pronomen (alleine) benutzt werden. *Quale* hat die Form ________ für den Singular (männlich und weiblich) und die Form ________ für den Plural. *Quale* wird zu ________ vor der Verbform *è*.

ANWENDEN

1. Kreuzen Sie die jeweils richtige Option an.

1. ○ Marco, ☐ che cosa / ☐ che lingue parli? ◆ L'inglese e il portoghese.
2. ○ Scusi, Lei ☐ di dov'è / ☐ dov'è? ◆ Sono argentino.
3. ○ ☐ Che cosa / ☐ Quale gonna mi consigli? ◆ Preferisco quella blu.
4. ○ ☐ Perché / ☐ Quando torni dal lavoro? ◆ Verso le 18.30.
5. ○ ☐ Chi / ☐ Che cosa è quel ragazzo? ◆ È il cugino di Serena.
6. ○ ☐ Che / ☐ Qual è il tuo numero di telefono? ◆ 0965 654820.

2. Vervollständigen Sie die Fragen mit den richtigen Fragewörtern und finden Sie die entsprechenden Antworten.

a che | come | quanti | dove | che | che cosa | come | di dove

1. ________ si chiama?	a. Sono di Genova.
2. E ________ è?	b. Ho 32 anni.
3. ________ abita?	c. Vado in bicicletta.
4. ________ anni ha?	d. Esco dal lavoro alle 17–17.30.
5. ________ lavoro fa?	e. Leggo o vado a teatro.
6. ________ va al lavoro di solito?	f. Giovanni Bisceglie.
7. ________ ora finisce di lavorare?	g. Abito qui a Roma.
8. ________ fai nel tempo libero?	h. Sono infermiere.

3. Stellen Sie die passenden Fragen, um folgende Antworten zu erhalten.

a. ______________________ Sono nata nel 1989.

b. ______________________ Andiamo in vacanza in Francia.

c. ______________________ No, i pomodori non mi piacciono.

d. ______________________ Studiamo l'italiano perché vogliamo ______________________ andare a vivere in Italia.

e. ______________________ No, Katharina è austriaca, di Graz.

f. ______________________ Ho conosciuto Giorgio a una festa.

l'interrogatorio	Verhör	l'infermiere/-a	Krankenpfleger/in

Verben auf -are: parlare (sprechen)

	Presente	Imperfetto	Futuro semplice	Condizionale presente	Imperativo
io	parlo	parlavo	parlerò	parlerei	–
tu	parli	parlavi	parlerai	parleresti	parla
lui/lei/Lei	parla	parlava	parlerà	parlerebbe	parli
noi	parliamo	parlavamo	parleremo	parleremmo	parliamo
voi	parlate	parlavate	parlerete	parlereste	parlate
loro	parlano	parlavano	parleranno	parlerebbero	parlino

Participio passato: parlato **Gerundio:** parlando

Verben auf -ere: vendere (verkaufen)

	Presente	Imperfetto	Futuro semplice	Condizionale presente	Imperativo
io	vendo	vendevo	venderò	venderei	–
tu	vendi	vendevi	venderai	venderesti	vendi
lui/lei/Lei	vende	vendeva	venderà	venderebbe	venda
noi	vendiamo	vendevamo	venderemo	venderemmo	vendiamo
voi	vendete	vendevate	venderete	vendereste	vendete
loro	vendono	vendevano	venderanno	venderebbero	vendano

Participio passato: venduto **Gerundio:** vendendo

Verben auf -ire: partire (abfahren)

	Presente	Imperfetto	Futuro semplice	Condizionale presente	Imperativo
io	parto	partivo	partirò	partirei	–
tu	parti	partivi	partirai	partiresti	parti
lui/lei/Lei	parte	partiva	partirà	partirebbe	parta
noi	partiamo	partivamo	partiremo	partiremmo	partiamo
voi	partite	partivate	partirete	partireste	partite
loro	partono	partivano	partiranno	partirebbero	partano

Participio passato: partito **Gerundio:** partendo

Verben auf -ire mit Stammerweiterung: capire (verstehen)

	Presente	Imperfetto	Futuro semplice	Condizionale presente	Imperativo
io	capisco	capivo	capirò	capirei	–
tu	capisci	capivi	capirai	capiresti	capisci
lui/lei/Lei	capisce	capiva	capirà	capirebbe	capisca
noi	capiamo	capivamo	capiremo	capiremmo	capiamo
voi	capite	capivate	capirete	capireste	capite
loro	capiscono	capivano	capiranno	capirebbero	capiscano

Participio passato: capito **Gerundio:** capendo

Die wichtigsten unregelmäßigen Verben

andare (gehen)

Presente	Imperfetto	Futuro semplice	Condizionale presente	Imperativo	Participio passato
vado	andavo	andrò	andrei	–	andato
vai	andavi	andrai	andresti	vai / va'	
va	andava	andrà	andrebbe	vada	**Gerundio**
andiamo	andavamo	andremo	andremmo	andiamo	andando
andate	andavate	andrete	andreste	andate	
vanno	andavano	andranno	andrebbero	vadano	

avere (haben)

Presente	Imperfetto	Futuro semplice	Condizionale presente	Imperativo	Participio passato
ho	avevo	avrò	avrei	–	avuto
hai	avevi	avrai	avresti	abbi	
ha	aveva	avrà	avrebbe	abbia	**Gerundio**
abbiamo	avevamo	avremo	avremmo	abbiamo	avendo
avete	avevate	avrete	avreste	abbiate	
hanno	avevano	avranno	avrebbero	abbiano	

bere (trinken)

Presente	Imperfetto	Futuro semplice	Condizionale presente	Imperativo	Participio passato
bevo	bevevo	berrò	berrei	–	bevuto
bevi	bevevi	berrai	berresti	bevi	
beve	beveva	berrà	berrebbe	beva	**Gerundio**
beviamo	bevevamo	berremo	berremmo	beviamo	bevendo
bevete	bevevate	berrete	berreste	bevete	
bevono	bevevano	berranno	berrebbero	bevano	

dare (geben)

Presente	Imperfetto	Futuro semplice	Condizionale presente	Imperativo	Participio passato
do	davo	darò	darei	–	dato
dai	davi	darai	daresti	dai / da'	
dà	dava	darà	darebbe	dia	**Gerundio**
diamo	davamo	daremo	daremmo	diamo	dando
date	davate	darete	dareste	date	
danno	davano	daranno	darebbero	diano	

dire (sagen)

Presente	Imperfetto	Futuro semplice	Condizionale presente	Imperativo	Participio passato
dico	dicevo	dirò	direi	–	detto
dici	dicevi	dirai	diresti	di'	
dice	diceva	dirà	direbbe	dica	**Gerundio**
diciamo	dicevamo	diremo	diremmo	diciamo	dicendo
dite	dicevate	direte	direste	dite	
dicono	dicevano	diranno	direbbero	dicano	

dovere (müssen, sollen)

Presente	Imperfetto	Futuro semplice	Condizionale presente	Imperativo	Participio passato
devo / debbo	dovevo	dovrò	dovrei		dovuto
devi	dovevi	dovrai	dovresti		
deve	doveva	dovrà	dovrebbe		**Gerundio**
dobbiamo	dovevamo	dovremo	dovremmo		dovendo
dovete	dovevate	dovrete	dovreste		
devono / debbono	dovevano	dovranno	dovrebbero		

essere (sein)

Presente	Imperfetto	Futuro semplice	Condizionale presente	Imperativo	Participio passato
sono	ero	sarò	sarei	–	stato
sei	eri	sarai	saresti	sii	
è	era	sarà	sarebbe	sia	**Gerundio**
siamo	eravamo	saremo	saremmo	siamo	essendo
siete	eravate	sarete	sareste	siate	
sono	erano	saranno	sarebbero	siano	

fare (machen)

Presente	Imperfetto	Futuro semplice	Condizionale presente	Imperativo	Participio passato
faccio	facevo	farò	farei	–	fatto
fai	facevi	farai	faresti	fai / fa'	
fa	faceva	farà	farebbe	faccia	**Gerundio**
facciamo	facevamo	faremo	faremmo	facciamo	facendo
fate	facevate	farete	fareste	fate	
fanno	facevano	faranno	farebbero	facciano	

potere (können)

Presente	Imperfetto	Futuro semplice	Condizionale presente	Imperativo	Participio passato
posso	potevo	potrò	potrei		potuto
puoi	potevi	potrai	potresti		
può	poteva	potrà	potrebbe		**Gerundio**
possiamo	potevamo	potremo	potremmo		potendo
potete	potevate	potrete	potreste		
possono	potevano	potranno	potrebbero		

rimanere (bleiben)

Presente	Imperfetto	Futuro semplice	Condizionale presente	Imperativo	Participio passato
rimango	rimanevo	rimarrò	rimarrei	–	rimasto
rimani	rimanevi	rimarrai	rimarresti	rimani	
rimane	rimaneva	rimarrà	rimarrebbe	rimanga	**Gerundio**
rimaniamo	rimanevamo	rimarremo	rimarremmo	rimaniamo	rimanendo
rimanete	rimanevate	rimarrete	rimarreste	rimanete	
rimangono	rimanevano	rimarranno	rimarrebbero	rimangano	

sapere (wissen)

Presente	Imperfetto	Futuro semplice	Condizionale presente	Imperativo	Participio passato
so	sapevo	saprò	saprei	–	saputo
sai	sapevi	saprai	sapresti	sappi	
sa	sapeva	saprà	saprebbe	sappia	**Gerundio**
sappiamo	sapevamo	sapremo	sapremmo	sappiamo	sapendo
sapete	sapevate	saprete	sapreste	sappiate	
sanno	sapevano	sapranno	saprebbero	sappiano	

scegliere (auswählen)

Presente	Imperfetto	Futuro semplice	Condizionale presente	Imperativo	Participio passato
scelgo	sceglievo	sceglierò	sceglierei	–	scelto
scegli	sceglievi	sceglierai	sceglieresti	scegli	
sceglie	sceglieva	sceglierà	sceglierebbe	scelga	**Gerundio**
scegliamo	sceglievamo	sceglieremo	sceglieremmo	scegliamo	scegliendo
scegliete	sceglievate	sceglierete	scegliereste	scegliete	
scelgono	sceglievano	sceglieranno	sceglierebbero	scelgano	

stare (stehen, sein, sich befinden)

Presente	Imperfetto	Futuro semplice	Condizionale presente	Imperativo	Participio passato
sto	stavo	starò	starei	–	stato
stai	stavi	starai	staresti	stai / sta'	
sta	stava	starà	starebbe	stia	**Gerundio**
stiamo	stavamo	staremo	staremmo	stiamo	stando
state	stavate	starete	stareste	state	
stanno	stavano	staranno	starebbero	stiano	

uscire (ausgehen)

Presente	Imperfetto	Futuro semplice	Condizionale presente	Imperativo	Participio passato
esco	uscivo	uscirò	uscirei	–	uscito
esci	uscivi	uscirai	usciresti	esci	
esce	usciva	uscirà	uscirebbe	esca	**Gerundio**
usciamo	uscivamo	usciremo	usciremmo	usciamo	uscendo
uscite	uscivate	uscirete	uscireste	uscite	
escono	uscivano	usciranno	uscirebbero	escano	

venire (kommen)

Presente	Imperfetto	Futuro semplice	Condizionale presente	Imperativo	Participio passato
vengo	venivo	verrò	verrei	–	venuto
vieni	venivi	verrai	verresti	vieni	
viene	veniva	verrà	verrebbe	venga	**Gerundio**
veniamo	venivamo	verremo	verremmo	veniamo	venendo
venite	venivate	verrete	verreste	venite	
vengono	venivano	verranno	verrebbero	vengano	

volere (wollen)

Presente	Imperfetto	Futuro semplice	Condizionale presente	Imperativo	Participio passato
voglio	volevo	vorrò	vorrei		voluto
vuoi	volevi	vorrai	vorresti		
vuole	voleva	vorrà	vorrebbe		**Gerundio**
vogliamo	volevamo	vorremo	vorremmo		volendo
volete	volevate	vorrete	vorreste		
vogliono	volevano	vorranno	vorrebbero		

Lösungen

Substantive

1 Geschlecht

Start / Sehen:
-o: vino, teatro, gelato, cibo
-a: pasta, cultura, storia, pizza
-e: sole, mare, tradizione, amore

Verstehen:
- Substantive mit der Endung *-o* sind meistens männlich.
- Substantive mit der Endung *-a* sind meistens weiblich.
- Substantive mit der Endung *-e* können sowohl männlich als auch weiblich sein.

Anwenden 1:
stagione, musica, piazza, passione, cucina, generazione, moda, regione

Anwenden 2:
männlich: mercato, albergo, vulcano, golfo, porto, castello
weiblich: opera, isola, sfogliatella, pizzeria, via, piazza

Anwenden 3:
männlich: sapore, peperoncino, burro, rumore, prosciutto

weiblich: marmellata, superstizione, mozzarella, insalata, discussione, frutta, tradizione

2 Regelmäßige Pluralformen

Start / Sehen:
männlich: adulti, gruppi
weiblich: persone, settimane
männlich oder weiblich: mesi, lezioni, informazioni

Verstehen:
- Männliche Substantive auf *-o* bilden den Plural auf *-i*.
- Weibliche Substantive auf *-a* bilden den Plural auf *-e*.
- Männliche und weibliche Substantive auf *-e* bilden den Plural auf *-i*.

Anwenden 1:
Bleistift – matita – matite
Buch – libro – libri
Heft – quaderno – quaderni
Tafel – lavagna – lavagne
Kugelschreiber – penna – penne
Rucksack – zaino – zaini
Schule – scuola – scuole

Anwenden 2:
lezioni, livelli, studenti, Paesi, risultati, aule, lavagne, sedie, tavoli

Anwenden 3:
escursioni, serate, canzoni, persone, Paesi, culture, corsi, ore, mesi, parole, testi, insegnanti

★ 3 Unregelmäßige Pluralformen

Start / Sehen:
Plural: bar, città, università, cinema, turisti, province, parchi, laghi, asparagi

Verstehen:
- Substantive, die auf Konsonant oder betonten Vokal enden, haben im Singular und im Plural die gleiche Form.
- Kurzformen bleiben unverändert im Plural.
- Substantive auf *-ista* haben zwei Pluralformen, männlich auf *-i* und weiblich auf *-e*.
- Substantive auf *-co* / *-go*, die auf der vorletzten Silbe betont werden, bilden den Plural auf *-chi* / *-ghi*.
- Substantive auf *-co* / *-go*, die auf der drittletzten Silbe betont werden, bilden den Plural auf *-ci* / *-gi*.

Anwenden 1:
focacce, ananas, succhi, yogurt, pacchi, bistecche

Anwenden 2:
autobus – autobus
caffè – caffè
dentista – dentisti *(m)* / dentiste *(w)*
albergo – alberghi
cuoco – cuochi
discoteca – discoteche
doccia – docce

Anwenden 3:
attività, borghi, città, laghi, barche, spiagge, ciliegie, albicocche, arance, boschi, funghi, sport, bici, moto, bar

4 Berufs- und Personenbezeichnungen

Start:
vicini, cantante, scrittore, professore, moglie, farmacista, figlia, medico, parrucchiere, moglie, commessa

Sehen:
männlich: parrucchiere, professore, scrittore
weiblich: commessa, figlia, farmacista, cantante, moglie

Verstehen:
- Bezeichnungen für Berufe und Personen mit einer männlichen Form auf *-o* bilden die weibliche Form auf *-a*.

- Bezeichnungen für Berufe mit einer männlichen Form auf *-iere* bilden die weibliche Form auf *-iera*.
- Einige Bezeichnungen für Berufe mit einer männlichen Form auf *-e* bilden die weibliche Form auf *-essa*.
- Bezeichnungen für Berufe mit der Endung *-tore* bilden die weibliche Form auf *-trice*.
- Substantive auf *-ante*, *-ente* und *-ista* haben die gleiche Form für beide Geschlechter.

Anwenden 1:
männlich: commesso, impiegato, giornalista, segretario, operaio, direttore
weiblich: commessa, impiegata, giornalista, segretaria, operaia, direttrice

Anwenden 2:
a. infermiere; b. attrice; c. insegnante; d. cameriere; e. cuoco

Anwenden 3:
infermiera, marito, attore, figlio, professore / insegnante, cuoca, cameriera

Anwenden 4:
artista, pittore, architetto, scrittore, filosofo, scrittrice, giornalista, medico, scienziata, cantante, attrice, modella, regista, attore

Artikel

5 Unbestimmter Artikel

Start / Sehen:
männlich: un succo, un aperitivo, uno spritz
weiblich: una birra, un'aranciata

Verstehen:
- Bei männlichen Wörtern, die mit Konsonant oder Vokal beginnen, lautet der unbestimmte Artikel *un*.
- Der unbestimmte Artikel bei männlichen Substantiven, die mit *gn-*, *ps-*, *s-* + Konsonant, *x-*, *y-* und *z-* beginnen, lautet *uno*.
- Bei weiblichen Substantiven, die mit Konsonant beginnen, verwendet man *una*.
- Bei weiblichen Substantiven, die mit Vokal beginnen, verkürzt sich *una* zu *un'* und wird mit Apostroph geschrieben.

Anwenden 1:
un: amaro, vino, panino
uno: spuntino, spumante, stuzzichino
una: spremuta, pizzetta, focaccia
un': acqua minerale, insalata, acqua tonica

Anwenden 2:
Alessia: una, una, uno
Giovanni: un, una, un, un', uno
Lucia: uno, un, un'

Anwenden 3:
un, una, un, una, uno, una, un, un, una, una, uno, un, un'

6 Bestimmter Artikel

Start:
il, la, l', i, gli, l', l', le, la, la, gli

Sehen:
männlich Plural: i monumenti, gli amici, gli spettacoli
weiblich Singular: la cucina, l'arte

Verstehen:
- Der bestimmte Artikel *il* steht vor männlichen Substantiven, die mit Konsonant beginnen. Seine Pluralform lautet *i*.
- Der bestimmte Artikel bei männlichen Wörtern, die mit *gn-*, *ps-*, *s-* + Konsonant, *x-*, *y-* und *z-* beginnen, lautet *lo*.
- Bei männlichen Wörtern, die mit Vokal oder mit *gn-*, *ps-*, *s-* + Konsonant, *x-*, *y-* und *z-* beginnen, verwendet man im Plural den bestimmten Artikel *gli*.
- Der bestimmte Artikel *l'* steht vor männlichen und weiblichen Substantiven, die mit Vokal beginnen.
- Bei weiblichen Substantiven, die mit Konsonant beginnen, verwendet man im Singular *la*.
- Der bestimmte Artikel vor allen weiblichen Substantiven im Plural ist immer *le*.

Anwenden 1:
il: passaporto, cappello
lo: spazzolino, zaino
la: crema solare, guida turistica
l' *(m)*: abito da sera, orologio
l' *(w)*: agenda, amaca
i: libri, pantaloni
gli: occhiali da sole, stivali
le: scarpe, carte di credito

Anwenden 2:
i, la, le, il, gli, le, l', la, gli, l', i, le, i, gli, il, gli, il, lo, il

Anwenden 3:
l, i, il, il, gli, l', il, la, l', la, l, i, gli, il, i, le

★ 7 Teilungsartikel und Pronominaladverb *ne*

Start / Sehen:
Pronominaladverb *ne*:
Quanti ne vuole?, Ne prendo, Quante ne desidera?

männlich Plural: dei mandarini, degli asparagi
weiblich Singular: dell'insalata
weiblich Plural: delle pere

Verstehen:
- Der Teilungsartikel wird mit der Präposition *di* und dem bestimmten Artikel gebildet.
- Das Pronominaladverb *ne* bleibt unverändert und steht vor dem konjugierten Verb.

Anwenden 1:
del: burro, sedano
dello: zenzero, zucchero
della: verdura, carne
dell' *(m)*: olio, aceto
dell' *(w)*: acqua minerale, uva
dei: pomodorini, panini
degli: spaghetti, stuzzichini
delle: carote, patate

Anwenden 2:
delle, dell', delle, delle, dei, del, dei, dei, dei, dell', del, del, degli

Anwenden 3:
delle, del, degli, dell', dei, dello, ne, della, ne

Adjektive

8 Formen und Angleichung

Start:
italiane, caldi, freddi, regionali, perfetto, buone, grandi, locali, cari

Sehen:
vini cari – pizze buone – vini locali – pizze grandi

Verstehen:
- Adjektive auf *-o* / *-a* und Adjektive auf *-e*.
- Adjektive der Gruppe *-o* / *-a* haben insgesamt vier Endungen: Im Singular die Endung *-o* für die männliche Form und *-a* für die weibliche Form. Sie bilden den Plural auf *-i* bzw. *-e*.
- Adjektive der Gruppe *-e* haben dieselbe Endung für beide Geschlechter. Sie bilden den Plural auf *-i*.

Anwenden 1:
italiana, regionali, tradizionali, internazionali, orientali, cinesi, coreani, tipici, giapponese, veloce, famosi, americani

Anwenden 2:
Alessia: giovane, simpatica, biondi, grandi, verdi, snello, atletico, cinese, interessante, curiosa, eleganti, cari
Pedro: spagnolo, locale, alto, grasso, marroni, castani, italiani, tipica

Anwenden 3:
tranquillo, perfetto, romantica, speciale, grande, piccola, private, alcolici, analcolici, freddi, caldi, dolci, salate, nazionali, internazionali

9 Besonderheiten

Start / Sehen:
pantaloni lunghi, scarpe bianche, maglioni blu, giacca beige, magliette grigio scuro

Verstehen:
- Bei den Adjektiven auf *-go* / *-ga* wird ein *h* vor der Endung im Plural eingeschoben.
- Bei den Adjektiven auf *-co* / *-ca* wird ein *h* vor der Endung im Plural eingeschoben, wenn das Adjektiv auf der vorletzten Silbe betont ist.
- Bei den Adjektiven auf *-co* / *-ca*, die auf der drittletzten Silbe betont sind, wird im Plural ein *h* nur vor der Endung der weiblichen Form eingeschoben.
- Farbadjektive, die mit *chiaro* oder *scuro* zusammengesetzt sind, sind unveränderlich.
- Einige Farbadjektive, wie *blu*, *beige*, *rosa*, *lilla*, *viola* haben nur eine Form und sind unveränderlich.

Anwenden 1:
bianche, grigio, verde chiaro, gialli, rossi, rosa, lilla, azzurro, bianche, blu, arancione, gialle, rosse, beige

Anwenden 2:
grigio chiaro, rosa, viola, bianchi, blu scuro, lunghi, pratici, economici, larghi

★ 10 *bello* und *buono*

Start:
bello: belle, bell', bei, begli, bella, bello, bel, bello
buono: buon, buona, buon', buona

Sehen:
bello:
männlich: bel ragazzo, bei vestiti, begli accessori
weiblich: bella serata, belle vie, bell'atmosfera
buono:
männlich: buon prezzo
weiblich: buona pizzeria, buon'amica

Verstehen:
- Steht das Adjektiv *bello* vor dem Substantiv, so werden seine Formen analog zum bestimmten Artikel gebildet.
- Steht das Adjektiv *buono* vor dem Substantiv, verhält es sich im Singular wie der unbestimmte Artikel. Im Plural werden ausschließlich die Formen *buoni* und *buone* verwendet.
- Stehen die Adjektive *bello* und *buono* nach dem Substantiv, verhalten sie sich wie Adjektive auf *-o* / *-a*.

Anwenden 1:
bei, bei, belle, begli, bel, bello, begli, belli, buon, buono, buon', buon

Anwenden 2:
a. L'idea di Marta è molto buona.
b. Dormiamo in un bell'albergo.
c. Alessia ha un bel negozio di scarpe.
d. Luisa abita con un ragazzo bello.

Anwenden 3:
buon' / buona, belle, bel, bell', bello, bello, bella, buona, bella, buona, buon

★ 11 Steigerung – Komparativ

Start / Sehen:
L'aereo è più veloce della macchina.
L'aereo è meno ecologico del treno.
Tu sei più attento di me.
Viaggiare in macchina è più comodo che prendere il treno.
Il viaggio in macchina è più pratico che rilassante.

Verstehen:
- Die Steigerungsform des Adjektivs wird mit *più* bzw. *meno* + Adjektiv gebildet.
- Das zweite Vergleichselement wird mit *di* bzw. *che* eingeleitet.
- *Di* wird vor Substantiven, Pronomen und Eigennamen verwendet.
- *Che* wird vor Präpositionen und Verben im Infinitiv verwendet.
- Die Gleichheitsstufe von Adjektiven wird mit *come* gebildet. Das Adjektiv wird vorgestellt.

Anwenden 1:
a. Viaggiare da solo è più noioso che viaggiare con amici.
b. La metropolitana è meno cara a Milano che a Monaco di Baviera. / La metropolitana a Milano è meno cara che a Monaco di Baviera.
c. Il tram è meno sano della bicicletta.
d. (Io) trovo il taxi più pratico che economico.
e. Il tram è caro come l'autobus.

Anwenden 2:
che, che, che, di, dei, che, che, di

Anwenden 3:
a. Il Piemonte *è meno grande della* Sicilia.
b. Milano è *più popolosa di* Torino.
c. Il Po è *più lungo del* Tevere.
d. Andare a Reggio Calabria in treno *è meno veloce che (andare)* in auto.
e. Siracusa *è antica come* Napoli.
f. Vivere a Napoli è *più caro che* vivere a Torino.

★ 12 Steigerung – Superlativ

Start / Sehen:
Relativer Superlativ:
Qual è il film italiano più bello?
... è il film più commovente di Giuseppe Tornatore.
La grande bellezza ha la storia più originale.
Absoluter Superlativ:
noiosissimo, molto difficile

Verstehen:
- Der relative Superlativ wird mit dem bestimmten Artikel + Substantiv + *più* / *meno* + Adjektiv gebildet.
- Der absolute Superlativ setzt keinen Vergleich voraus.
- Der absolute Superlativ wird auch gebildet, indem man *molto* vor ein Adjektiv setzt.

Anwenden 1:
a. *Il nome della rosa* è il libro più conosciuto di Umberto Eco.
b. Mina è la cantante più famosa d'Italia.
c. *Il ragazzo invisibile* è il film meno divertente di Gabriele Salvatores.
d. *Volare* è la canzone più rappresentativa della musica italiana.

Anwenden 2
interessantissimo, bravissimi, divertentissimo, complicatissima, bellissime, lentissimo, banalissimi, pesantissima

Anwenden 3:
lunghissima, importantissimo, più famoso, bellissimi, più divertente, molto ironica, famosissime

Adverbien

13 Formen des Adverbs

Start:
Adverbien auf *-mente*: particolarmente, veramente, frequentemente, velocemente
Ursprüngliche Adverbien: qui, bene, molto, domani, purtroppo, presto

Sehen:
veramente, frequentemente, velocemente, particolarmente, bene

Verstehen:
- Bei Adjektiven auf *-o* werden Adverbien von der weiblichen Form abgeleitet und das Suffix *-mente* wird angehängt.
- Bei Adjektiven auf *-e* wird das Suffix *-mente* angehängt.
- Adjektive auf *-le* oder *-re* verlieren das *-e* der Endung und das Suffix *-mente* wird angehängt.

Anwenden 1:
lentamente, normalmente, attualmente, regolarmente, raramente, dolcemente

Anwenden 2:
Attualmente, regolarmente, lentamente, Normalmente, raramente

Anwenden 3:
precisamente, Tradizionalmente, probabilmente, generalmente, difficilmente, Tipicamente, naturalmente

★ 14 Adverb oder Adjektiv?

Start:
Adjektive: vivace, molti, moderni, interessanti, tranquilla, caro, veloce, molte, buona
Adverbien: bene, culturalmente, artisticamente, velocemente, molto, molto, bene, veramente

Sehen:
Adjektiv: tranquilla, veloce, vivace, caro, buona
Adverb: velocemente, culturalmente, molto, molto, bene

Verstehen:
- Adjektive richten sich in Zahl und Geschlecht nach den Substantiven.
- Adverbien bleiben unveränderlich.
- Adverbien beziehen sich nie auf Substantive.

Anwenden 1:
perfetta, bene, difficile, lenta, velocemente, Attualmente, intensivi, breve, precise, Naturalmente, regolarmente

Anwenden 2:
Difficili, intensamente, naturalmente, fortunatamente, silenziosa, tranquillamente, Normalmente, comodamente, tipici, eleganti

Anwenden 3:
cattiva, male, buono, cattivo, male, bene, buona, buon, bene, bene, male, cattivo

★ 15 Steigerung

Start / Sehen:
Komparativ:
Lavora **meno** precisamente **di** me.
Lavora **più** tanquillamente a casa **che** in ufficio.
Relativer Superlativ:
Guadagna **più di tutti**.
Absoluter Superlativ:
tardissimo
malissimo

Verstehen:
- Der Komparativ wird mit *più* / *meno* + Adverb gebildet.
- Vor einem Eigennamen, einem Substantiv und einem Pronomen steht *di*.
- Vor einem Ausdruck mit Präposition und einem Adverb steht *che*.
- Der relative Superlativ wird mit *più* / *meno* + Adverb + *di* + *tutti* gebildet.
- Der absolute Superlativ wird wie folgt gebildet:
  a) bei ursprünglichen Adverbien wie *tardi* wird *-issimo* an dem Stamm angehängt;
  b) bei Adverbien auf *-mente* wird *-issima* vor der Endung *-mente* angehängt.

Anwenden 1:
che, che, di, di, di, dei, che

Anwenden 2
molto presto / prestissimo, molto velocemente/ velocissimamente, molto poco / pochissimo, molto rapidamente / rapidissimamente, moltissimo, molto raramente / rarissimamente, molto spesso / spessissimo, molto bene / benissimo

Anwenden 3:
benissimo / molto bene, più elegantemente, tardissimo / molto tardi, più lentamente, molto male / malissimo, meglio

Präpositionen

16 Präpositionen des Ortes

Start / Sehen:
in Puglia, in Italia, in Australia, a Lecce, da Agnese, da New York

Verstehen:
- Bei Orts- und Richtungsangaben benutzt man bei Kontinenten, Ländernamen und Regionen die Präposition *in*.
- Bei Orts- und Richtungsangaben benutzt man bei Städten und kleinen Inseln die Präposition *a*.
- Bei Orts- und Richtungsangaben wird die Präposition *da* in Verbindung mit Personen verwendet.
- Bei Herkunftsangaben wird die Präposition *da* verwendet.

Anwenden 1:
in: Asia, Sardegna, Portogallo, America, Liguria
a: Parigi, Capri, Barcellona, Palermo, Firenze
da: Giorgio, Luisa, mia nonna, mio zio, lui

Anwenden 2
di, a, in, a, in, in, da, da, in, da, a

Anwenden 3:
in, a, a, a, da, da, in, in

17 Präpositionen der Zeit

Start / Sehen:
Lavoro qui da due settimane.
Da giugno a settembre viaggio in Europa.
Fra una settimana vado a Venezia.
Resto lì per dieci giorni.
Ho cominciato a lavorare qui due anni fa.

Verstehen:
- Um einen bestimmten Zeitraum mit genauem Anfang und Ende anzugeben, werden die Präpositionen *da* ... *a* verwendet.
- Bei einem Zeitraum, der in der Vergangenheit begonnen hat und bis zur Gegenwart andauert, wird die Präposition *da* benutzt.
- Um die Zeitdauer einer Handlung anzugeben, wird die Präposition *per* verwendet.
- Das Adverb *fa* wird immer nachgestellt.
- Demnach drückt *fra* / *tra* einen Bezug zur Zukunft aus.

Anwenden 1:
da, fa, per, da, da, a, fa, fa, fra

Anwenden 2:
da, fa, Da, per, da, a, fra

Anwenden 3:
per / da, fa, fra, fra, da, fa, da, a, fa

18 Weitere Präpositionen

Start / Sehen:
magliette di cotone, maglioni di lana
un chilo di mele, un pacco di pasta
lampada da tavolo, camera da letto
Vieni con la famiglia o con gli amici.
in treno o in autobus
Visita il centro commerciale per passare una giornata diversa.
Trovi tutto per la casa e per la famiglia.

Verstehen:
- Bei Angaben über die Beschaffenheit und das Material von Dingen verwendet man die Präposition *di*.
- Bei Mengenangaben verwendet man die Präposition *di*.
- Zur Angabe von Verkehrsmitteln verwendet man die Präposition *in*.
- Zur Angabe der Begleitung verwendet man die Präposition *con*.
- Bei Angaben des Zwecks in der Bedeutung von *um ... zu* verwendet man die Präposition *per* in Verbindung mit dem Infinitiv.

Anwenden 1:
a. costume da bagno; b. scarpe da trekking; c. occhiali da sole; d. biglietto da visita; e. spazzolino da denti

Anwenden 2:
per, di, di, di, di, di, di, di, di, con, in, in

Anwenden 3:
con, in, in, da, da, per, di, da, per, con, da, da, da, di, di, per

★ 19 Verben mit Präpositionen

Start / Sehen:
Hai voglia di venire al cinema?
Finisco di lavorare alle 18.
Ho deciso di fare un po' di sport.
Ho cominciato a frequentare un corso di fitness.
Andiamo a bere un aperitivo?

Verstehen:
- Nach den Verben bzw. Ausdrücken wie *avere voglia*, *cercare*, *decidere*, *finire*, *smettere*, *terminare* steht der Infinitiv mit der Präposition *di*.
- Nach den Verben *andare*, *cominciare*, *continuare*, *imparare*, *iniziare*, *provare*, *riuscire* steht der Infinitiv mit der Präposition *a*.

- Nach den Modalverben, nach den Verben *piacere*, *preferire* und bei Ausdrücken mit *essere* + Adjektiv steht der Infinitiv ohne Präposition.

Anwenden 1:
di, –, –, di, a, a, a, a, di

Anwenden 2:
di, di, a, –, di, a, –, –, a, a, a, di

Anwenden 3:
di cambiare, di condurre, di fumare, a correre, di praticare, a seguire, a mantenere, a fare, a frequentare, di scrivere, a cucinare

★20 Präpositionen mit Artikel

Start:
all', alla, dell', dalle, alle, nel

Sehen:
männlich: dell', al, all', dallo, dagli, nel, nell', nei, sullo, sugli
weiblich: alla, alle, dalle, nell', sulle

Verstehen:
- Wenn auf die Präpositionen *di*, *a*, *da*, *in*, *su* ein bestimmter Artikel folgt, verschmilzt die Präposition mit dem Artikel.
- Bei der Verschmelzung wird die Präposition *di* zu *de-* und *in* zu *ne-*.

Anwenden 1:
dal, dell', alla, Alle, sull', del, dall', nel, del, nel, dal, allo, nel

Anwenden 2:
alla, degli, Alle, al, all', del, alle, della, del, negli, delle, dei, dal, al

Pronomen

21 Subjektpronomen

Start / Sehen:
Singular: io, tu, lui
Plural: voi

Verstehen:
- Bei der höflichen Anrede (Sie-Form) einer Einzelperson verwendet man *Lei*. Diese Form ist, abgesehen von der Großschreibung des Anfangsbuchstabens, identisch mit der 3. Person Singular.
- Die höfliche Anrede mehrerer Personen lautet *Loro*. Diese Anredeform ist aber sehr formell und wird oft durch die 2. Person Plural *Voi* ersetzt.

Anwenden 1:
noi mangiamo, tu prendi, lui/lei/Lei abita, voi offrite, io bevo, noi amiamo, io vado, loro studiano, lui/lei/Lei è, loro parlano, tu stai, voi lavorate

Anwenden 2:
Lei, io, lei, io, io, lei, noi, loro

Anwenden 3:
1. andiamo, Avete voglia, io sono, lei lavora
2. fate, Andiamo, noi andiamo, Partiamo, Anche noi

★22 Direkte Objektpronomen

Start / Sehen:
Singular unbetont: mi, ti, la
Singular betont: me, te
Plural unbetont: li

Verstehen:
- Die unbetonten Formen verwendet man immer in Verbindung mit einem Verb und sie stehen vor dem konjugierten Verb.
- Die unbetonten Pronomen der 3. Person *lo*, *la*, *La*, *li*, *le* richten sich in Geschlecht und in Zahl nach der Person/Sache, die sie ersetzen.
- Die betonten Formen stehen in der Regel nach dem konjugierten Verb.

Anwenden 1:
1. d (lo), 2. c (ti), 3. e (Le), 4. f (Mi), 5. b (la), 6. a (Li)

Anwenden 2:
Lo, lo, le, le, ci, la, ti, Lo

Anwenden 3:
1. lui, lo
2. loro, lei, lui, li

★23 Indirekte Objektpronomen

Start / Sehen:
unbetont: mi, le, vi
betont: me

Verstehen:
- Die unbetonten Formen stehen vor dem konjugierten Verb.
- Für die 3. Person Singular (männlich) verwendet man *gli*.
- Für die 3. Person Singular (weiblich) verwendet man *le*.
- Die betonten Formen werden von der Präposition *a* eingeleitet.

Anwenden 1:
Vi, le, le, Gli, mi, Gli, gli, Ci

Anwenden 2:
ti, le, Le, Le, gli, gli, Mi , gli

Anwenden 3:
1. mi, a te, A me
2. gli, a lui, a lei

★ 24 Pronominaladverbien *ci* und *ne*

Start:
ci: ci vai, ci vado, ci ho pensato
ne: ne ho proprio voglia, ne parlo

Sehen:
E con chi ci vai?
Ci ho pensato a lungo.
Non ne ho proprio voglia.
Ne parlo anche con lui.

Verstehen:
- Um eine bereits erwähnte Orts- oder Richtungsangabe zu ersetzen, verwendet man *ci*. In der Regel steht es vor dem konjugierten Verb.
- Um Ergänzungen zu ersetzen, die von den Präpositionen *a*, *in*, *su* und *con* eingeleitet werden, verwendet man *ci*.
- Um Ergänzungen zu ersetzen, die von der Präposition *di* eingeleitet werden, verwendet man *ne*.

Anwenden 1:
1. d, 2. c, 3. a, 4. e, 5. b

Anwenden 2:
ne, Ci, ci, ne, ci, Ci, ne

Anwenden 3:
ci, ne, ci, ci, ne

Possessiva

25 Possessivbegleiter

Start / Sehen:
i suoi amici, la nostra collega, le mie amiche

Verstehen:
- Vor Possessivbegleitern steht grundsätzlich der bestimmte Artikel.
- *Suo* steht sowohl für *sein* als auch für *ihr*.
- Die Form *loro* ist unveränderlich.

Anwenden 1:
Il nostro quartiere, la nostra casa, i nostri vicini, il suo ufficio, i suoi colleghi, il suo capo, il mio lavoro, la mia scuola, i miei alunni, la tua vacanza

Anwenden 2:
i miei, le sue, i nostri, il nostro, i suoi, le sue, le sue, il loro

Anwenden 3:
a. Stasera le mie colleghe vengono a cena.
b. Il suo computer non funziona.
c. Devo mettere in ordine la mia casa.
d. Andiamo al ristorante con la nostra macchina.

★ 26 Gebrauch des Artikels

Start:
la nostra, mio, nostra, i suoi

Sehen:
mio fratello, nostra nonna, i suoi figli

Verstehen:
- Bei Verwandtschaftsbezeichnungen im Singular steht kein Artikel.
- Der bestimmte Artikel entfällt nicht bei *loro*.
- Bei Verwandtschaftsbezeichnungen im Plural bleibt der Artikel immer erhalten.

Anwenden 1:
La nostra famiglia, mia nonna, il suo compleanno, suo figlio, sua moglie, i miei genitori, mio fratello, Mia zia, i miei cugini

Anwenden 2:
Mia, suo, mio, Mio, i miei, mio, mio, suo, nostra / mia, mia, nostro, sua, sua / la loro, la tua

Anwenden 3:
la tua, i tuoi, mia, mio, mia, il nostro, la nostra, Il nostro, la mia, la sua, la sua, mia, i nostri

Demonstrativa

27 *Questo*

Start / Sehen:
Adjektiv: questo ragazzo, queste ragazze
Pronomen: questa

Verstehen:
- *Questo* richtet sich in Zahl und Geschlecht nach seinem Bezugswort.
- Die Formen von *questo* als Adjektiv und die Formen von *questo* als Pronomen sind identisch.

Anwenden 1:
questo: appartamento, lavoro, orologio
questi: colleghi, libri, documenti
questa: stanza, fotografia, agenda
queste: aziende, notizie, borse

Anwenden 2:
a. Questo è il Suo ufficio?
b. Questa stanza è molto grande.
c. Questo è il contratto di Marco.
d. Questa è un'ottima idea.

Anwenden 3:
Questa, queste, questi, queste, queste, questo, questo, questa

★28 *Quello*

Start / Sehen:
Adjektiv: quel negozio, quegli stivali, quella borsa
Pronomen: quelli (*m / Plural*), quella (*w / Singular*)

Verstehen:
- *Quello* hat unterschiedliche Formen.
- Die Formen von *quello* als Adjektiv (vor einem Substantiv) leiten sich vom bestimmten Artikel ab.
- Als Pronomen hat *quello* nur vier Formen: *quello*, *quelli*, *quella*, *quelle*.

Anwenden 1:
quel: prezzo, cappello
quello: zaino, stile
quell' (*m*): ombrello, abito
quei: libri, negozi
quegli: sconti, accessori
quella: taglia, commessa
quell' (*w*): attrezzatura, agenda
quelle: modelle, cravatte

Anwenden 2:
quelle, Quelle, quel, quella, Quella, quei, quei

Anwenden 3:
quel, Quello, quell', Quelle, quello, quell', quel, quella, quei

★29 *Questo* oder *quello*?

Start / Sehen:
räumlich: Questa torta...; ... in quella pasticceria...

Verstehen:
- *Questo* verwendet man bei Personen oder Dingen, die sich in der Nähe des Sprechers befinden.
- *Quello* verwendet man bei Personen oder Dingen, die vom Sprecher weiter weg sind.
- *Questo* verwendet man zeitlich in Situationen, die die Gegenwart oder die nahe Zukunft betreffen.
- *Quello* verwendet man zeitlich in Situationen, die in der Vergangenheit liegen.

Anwenden 1:
Questa, questo, quel, quello, quel, quei, questa, quel

Anwenden 2:
Questa / Quest', quel, quell', quella, quel, quella, quel, questa, questo, quella

Indefinita

★30 *poco, molto/tanto, troppo*

Start:
pochi, tanta, molte, poca, molti, molta, pochi, molto

Sehen:
Adjektiv:
m: molto sport, pochi alcolici
w: molta acqua, poca carne, molte verdure
Pronomen: non molti

Verstehen:
- *Poco*, *molto/tanto*, *troppo* (als Adjektive) stehen immer vor dem Substantiv.
- *Poco*, *molto/tanto*, *troppo* (als Adjektive und als Pronomen) richten sich in Geschlecht und Zahl nach dem Substantiv, auf das sie sich beziehen.

Anwenden 1:
molto, tante, tanta, poca, molte, poco

Anwenden 2:
molta, tante, troppo, poca, poche, pochi, molta, troppe

Anwenden 3:
molto, molte, poca, molto, pochi, tanti, poca, molti, troppo, molto, tante

★31 *tutto* + Artikel

Start / Sehen:
Adjektiv:
Singular: tutto il giorno, tutta la regione
Plural: tutti gli anni, tutte le contrade
Pronomen:
Singular: Scopri tutto...
Plural: Tutti indossano...

Verstehen:
- Als Adjektiv steht *tutto/-a/-i/-e* mit dem bestimmten Artikel vor einem Substantiv.
- Die Endung von *tutto* als Adjektiv richtet sich nach dem Substantiv.
- Als Pronomen wird *tutto* ohne Begleitwörter benutzt. Im Singular bedeutet *tutto* alles. Im Plural bedeutet es alle.

Anwenden 1:
tutto il, tutte le, tutta l', tutto il, tutta la, tutta la, tutto lo, tutta la, tutti i

Anwenden 2:
a. Ho preparato tutto per la festa.
b. Ho letto tutti i libri su questo argomento.
c. Cristina ha finito tutti gli esami.
d. È una tradizione importante per tutta la città.
e. Ha lavorato tutto il giorno.

Anwenden 3:
tutti gli, Tutto, tutti i, tutta la, tutti, Tutti gli, tutti gli, tutte le, tutti

★ 32 *alcuni, qualche*

Start / Sehen:
Vorrei alcune informazioni.
Siamo in vacanza per qualche giorno.
Ci può dare qualche indicazione?
Ci sono alcuni autobus.

Verstehen:
- *Qualche* ist unveränderlich. Danach folgt immer ein Substantiv im Singular.
- *Alcuni/-e* wird immer von einem Substantiv im Plural begleitet.

Anwenden 1:
alcuni, qualche, alcune, qualche, qualche, qualche, alcune, alcuni, alcuni, qualche

Anwenden 2:
alcune, alcuni, qualche, alcuni, alcune, qualche, qualche

Anwenden 3:
alcune, qualche, alcuni, alcuni, alcuni, qualche, qualche, alcuni, qualche

★ 33 *qualcuno, nessuno*

Start / Sehen:
Pronomen: qualcuno, qualcuno, nessuno
Adjektiv: nessun

Verstehen:
- *Qualcuno/-a* und *nessuno/-a* werden nur im Singular gebraucht.
- Verwendet man *nessuno* in Verbindung mit einem Verb, steht *non* vor dem konjugierten Verb.
- Steht nessuno/-a am Anfang des Satzes, dann ist keine Verneinung nötig.
- Als Adjektiv (vor einem Substantiv) verhält sich *nessuno* wie der unbestimmte Artikel.

Anwenden 1:
a. Qui a Roma non conosco nessuno.
b. Qualcuno ha chiamato per comprare i tuoi biglietti.
c. Qualcuno mi ha consigliato questo libro.
d. Non ho nessun appuntamento per domani sera.
e. Nessuno è andato al concerto.

Anwenden 2:
nessuna, qualcuno, nessuna, nessuna, qualcuno, nessuno, qualcuno

Anwenden 3:
qualcuno, nessun, qualcuno, qualcuno, nessuno, nessuno, qualcuno, nessuno

Relativpronomen

★ 34 *che* und *cui*

Start / Sehen:
che, che, cui, cui

Verstehen:
- *Che* verwendet man ohne Präposition als Subjekt oder direktes Objekt.
- *Cui* verwendet man mit einer Präposition als indirektes Objekt.
- *Che* und *cui* sind in der Form unveränderlich.

Anwenden 1:
che, che, per cui, con cui, che, in cui

Anwenden 2:
a. Ho dormito in un albergo che era molto economico.
b. Il Marsala è un vino liquoroso che si produce in provincia di Trapani.
c. Abbiamo conosciuto la famiglia Alberti con cui abbiamo fatto una gita.
d. Salvatore è un amico a cui ho chiesto consigli per la vacanza.

Anwenden 3:
che, che, in cui, che, di cui, con cui, a cui

Verben: Präsens

35 Verben auf *-are, -ere, -ire*

Start:
viviamo, Cerchiamo, frequento, studia, parla, offriamo

Sehen:
parlare: (lui/lei/Lei) parla
vivere: (noi) viviamo
offrire: (noi) offriamo

Verstehen:
- Bei den Verben aller drei Gruppen sind die Endungen von drei Personen immer gleich: Die Endung *-o* für die 1. Person Singular, *-i* für die 2. Person Singular und *-iamo* für die 1. Person Plural.
- Die Höflichkeitsform (Sie, Singular) entspricht der 3. Person Singular.

Anwenden 1:
a. spendete, b. giochi, c. vendo, d. mangia, e. aprono, f. canta, g. sentono, h. cerchiamo
Lösung: P I E M O N T E

Anwenden 2:
nasce, partecipa, vince, arriva, amano, riceve, scrive, canta, Partecipa, abita, vivono

Anwenden 3:
studio, Abito, Cerchiamo, partiamo, canto, suono, amo, leggo, pratica, gioca, prendiamo, mangiamo

36 Verben auf *-ire* mit Stammerweiterung

Start / Sehen:
capire: (io) capisco
finire: (lui/lei/Lei) finisce
preferire: (io) preferisco

Verstehen:
- Die Silbe *-isc-* wird bei allen Personen im Singular sowie in der 3. Person Plural vor den Endungen hinzugefügt.
- Die 1. und 2. Person Plural weisen keine Stammerweiterung auf.

Anwenden 1:
pulire: (io) pulisco, (tu) pulisci, (lui/lei/Lei) pulisce, (noi) puliamo, (voi) pulite, (loro) puliscono
spedire: (io) spedisco, (tu) spedisci, (lui/lei/Lei) spedisce, (noi) spediamo, (voi) spedite, (loro) spediscono

Anwenden 2:
1. finisci, Preferisco, 2. finisce, capite, 3. reagiscono, 4. pulisce, 5. preferiscono

★ 37 Wichtige unregelmäßige Verben

Start:
fai, sono, abbiamo, andiamo, è, faccio, rimango, vengono, vado, esco, Andiamo, beviamo, sono, sto

Sehen:
andare: (io) vado, (noi) andiamo
avere: (noi) abbiamo
bere: (noi) beviamo
essere: (io) sono, (lui/lei/Lei) è
fare: (io) faccio, (tu) fai
rimanere: (io) rimango
stare: (io) sto
uscire: (io) esco
venire: (loro) vengono

Verstehen:
- Bei den unregelmäßigen Verben im Präsens ändert sich in der Regel der Stamm.

Anwenden 1:
Sono, sono, Ho, sono, è, ha, è, ha, È, ha, abbiamo, Abbiamo, è, Sono, ho

Anwenden 2:
(io) rimango
(io) vado
(tu) bevi
(lui/lei) esce
(noi) stiamo
(voi) fate
(voi) siete
(loro) hanno
(loro) vengono
Lösung: P A R M I G I A N O

Anwenden 3:
fate, esco, viene, rimane, andiamo, ho, Rimango, sono, venite, facciamo, beviamo, stiamo

38 Reflexive Verben

Start:
mi trovo, mi alzo, mi preparo, mi metto, ci divertiamo, si chiama, ti diverti, ci vediamo

Sehen:
prepararsi: (io) mi preparo
mettersi: (io) mi metto
divertirsi: (tu) ti diverti, (noi) ci divertiamo

Verstehen:
- Die Endungen der reflexiven Verbformen entsprechen jener der drei regelmäßigen Verbgruppen *(-are, -ere, -ire)*.
- Die Reflexivpronomen stehen unmittelbar vor dem Verb.
- Die Verneinung *non* steht unmittelbar vor dem Reflexivpronomen.

Anwenden 1:
Ti diverti, mi trovo, si chiama, mi sveglio, mi faccio, mi vesto, mi incontro, ci divertiamo, mi addormento, Ci vediamo

Anwenden 2:
mi occupo, Si chiamano, mi sveglio, mi lavo, sveglio, si veste, si alza, vesto, facciamo, mi lavo, lavo

Anwenden 3:
vi organizzate, mi alzo, mi preparo, sveglio, Si vestono, si alza, si fa, mi metto, mi fermo, si divertono, ci mettiamo, ci rilassiamo, si addormenta, ci annoiamo

39 Modalverben

Start / Sehen:
potere: (tu) puoi
dovere: (io) devo
volere: (tu) vuoi, (loro) vogliono

Verstehen:
- Die Modalverben haben unregelmäßige Formen.
- Nach den Modalverben steht das Verb im Infinitiv ohne Präposition.

Anwenden 1:
a. Marta e Luca non possono venire alla festa di compleanno.
b. Lucia deve andare dal medico.
c. Vuoi andare al cinema stasera?
d. Mamma, possiamo usare il tuo tablet?

Anwenden 2:
voglio, Vuoi, posso, dobbiamo, vogliono, vuoi, possono, volete

Anwenden 3:
vogliamo, puoi, Dobbiamo, vogliamo, può, deve, può, possiamo, vogliono, possono

40 *sapere*

Start / Sehen:
(io) so
(lui/lei/Lei) sa

Verstehen:
- In der Bedeutung von *können* verhält sich *sapere* wie ein Modalverb. Das heißt, ihm folgt das Verb im Infinitiv ohne Präposition.
- *Sapere* drückt eine Fähigkeit aus, *potere* hingegen eine Möglichkeit / eine Erlaubnis.

Anwenden 1:
◆ Scusi, sa dov'è una farmacia qui vicino?
○ No, mi dispiace, non lo so. Non sono di qui.

◆ Dove andate in vacanza quest'estate?
○ Non lo sappiamo ancora. Forse andiamo in Spagna.

◆ Scusa, sai che ora è?
○ Sono le tre e un quarto.

◆ Lara e Simone hanno solo cinque anni e sanno leggere! E il tuo?
○ Anche mio figlio sa leggere e scrivere, però ha sette anni...

◆ Per la nostra band cerchiamo un chitarrista. Cristian, tu sai suonare la chitarra, vero?
○ Mah, so suonare la chitarra classica, ma non molto bene.

Anwenden 2:
1. sapete, so, sai, Può
2. può, possiamo, so, sa
3. sapete, so, può

Anwenden 3:
sa, può, sa, può, può, può, può, sa, sanno, possono

41 *c'è – ci sono*

Start / Sehen:
Davanti all'albergo c'è anche un parcheggio.
C'è una sauna.
Ci sono due piscine.

Verstehen:
- Vor einem Substantiv im Singular verwendet man *c'è*.
- Vor einem Substantiv im Plural verwendet man *ci sono*.

Anwenden 1:
c'è: una sala per conferenze, un bar, un centro estetico, la connessione internet, una terrazza panoramica
ci sono: 100 camere, due ristoranti, due campi da tennis, tre ascensori, due palestre

Anwenden 2:
Ci sono, c'è, c'è, ci sono, ci sono, c'è, c'è, ci sono, ci sono, c'è, ci sono

Anwenden 3:
è, è, ci sono, è, c'è, è, c'è, ci sono, ci sono, è, ci sono, è, ci sono

42 *piacere*

Start / Sehen:
Mi piace tutto di Milano...
Ti piace vivere qui a Milano?
Mi piacciono tante cose di questa città.
Mi piacciono i negozi eleganti.

Verstehen:
- Folgt auf *piacere* ein Substantiv im Singular, verwendet man die Form *piace*.
- Folgt auf *piacere* ein Substantiv im Plural, verwendet man die Form *piacciono*.
- Folgt auf *piacere* ein anderes Verb im Infinitiv, verwendet man die Form *piace*.

Anwenden 1:
Mi piace: andare al teatro *La Scala*, visitare i musei, il risotto alla milanese, fare shopping in via Monte Napoleone, la cotoletta alla milanese
Mi piacciono: i parchi e i giardini della città, i ristoranti sui Navigli, i formaggi, i mercati dell'antiquariato, le case d'epoca

Anwenden 2:
a. A Marco non piacciono le grandi città.
b. Vi piace vivere in campagna?
c. A Susanna non piace la musica classica.
d. A Davide e Margherita piace andare al museo.
e. Non mi piacciono i film americani.

Anwenden 3:
le piace, mi piace, piacciono, piace, gli piacciono, gli piace, le piacciono, le piace, gli piacciono

43 Die unpersönliche si-Form

Start:
si addobba, si prepara, si organizza, si festeggia, si aprono, Si mangiano, si beve, si esce, si va

Sehen:
... si festeggia in famiglia.
... si va al cinema.
... si prepara il presepe.
Si organizza il cenone.
Si beve lo spumante.
Si mangiano i dolci tipici.

Verstehen:
- Bei Verben ohne direktes Objekt verwendet man *si* + Verb in der 3. Person Singular.
- a) Folgt ein Substantiv im Singular, steht das Verb in der 3. Person Singular.
  b) Folgt ein Substantiv im Plural, steht das Verb in der 3. Person Plural.

Anwenden 1:
si mangiano, si brinda, si fanno, si festeggia, si porta, si gioca, si fanno, si va

Anwenden 2:
a. A Ferragosto si va al mare.
b. In Italia l'8 marzo si regalano le mimose alle donne.
c. A Carnevale si indossano (le) maschere.
d. In Italia si mangia molta pasta.

Anwenden 3:
si dà, si paga, si mangiano, si usano, si ordina, si beve, si va, si può portare, si possono regalare

Verben: Vergangenheit

44 *Passato prossimo:* Bildung und Gebrauch

Start:
hai fatto, ho avuto, siamo andate, abbiamo mangiato, siamo tornate, ho pulito, ha studiato, sono andata, siamo andati, abbiamo visitato, abbiamo fatto

Sehen:
(io) sono andata
(noi) abbiamo mangiato, siamo andati, siamo andate
-are → -ato → mangiato
-ere → -uto → avuto
-ire → -ito → pulito

Verstehen:
- Mit dem Hilfsverb *avere* bleiben die Endungen des Partizips unverändert.
- Mit dem Hilfsverb *essere* werden die Endungen des Partizips in Geschlecht und Zahl angeglichen.
- Im Italienischen stehen Hilfsverb und Partizip im Satz nebeneinander.
- Die Verneinung *non* steht vor dem Hilfsverb.

Anwenden 1:
a. stata, visitato; b. fatto, uscito; c. sono andati, hanno frequentato; d. sono partiti, sono arrivati

Anwenden 2:
sono stato, abbiamo preso, siamo arrivati, Abbiamo fatto, siamo saliti, abbiamo dormito, ha fatto, ho preferito

Anwenden 3:
sei venuta, È stata, siamo arrivate, abbiamo cenato, abbiamo provato, abbiamo fatto, abbiamo ballato, abbiamo conosciuto, Abbiamo parlato, abbiamo fatto, hai fatto

45 Gebrauch von *avere* und *essere* im *passato prossimo*

Start / Sehen:
avere: Abbiamo passeggiato
essere: Ci siamo rilassati, Ci siamo incontrati, si è annoiato, è piaciuta
avere/essere: è iniziato, è finito, Ho iniziato

Verstehen:
- Bei einigen Bewegungsverben wird das *passato prossimo* mit *avere* gebildet.
- Bei reflexiven Verben wird das *passato prossimo* mit *essere* gebildet.
- Bei *piacere* verwendet man das Hilfsverb *essere*.
- Beim *passato prossimo* mit *essere* wird das Partizip Perfekt in Geschlecht und Zahl an das Subjekt angeglichen.

Anwenden 1:
a. è iniziata; b. è cominciata; c. hanno iniziato; d. è già iniziato; e. ha finito, ha iniziato; f. sono finite; g. sono cominciate; h. abbiamo finito

Anwenden 2:
è piaciuta, mi sono divertita, mi sono alzata, mi sono preparata, Abbiamo camminato, ci siamo rilassati, ci siamo abbronzati, ha nuotato, ci siamo visti, ha iniziato, sono piaciute

Anwenden 3:
ci siamo incontrate, è iniziato, mi è piaciuta, si è addormentata, abbiamo passeggiato, ha iniziato, non mi sono piaciute, non mi sono sentita

★ 46 *Passato prossimo* mit Modalverben

Start / Sehen:
sono potuto, Sono voluti, Ho dovuto, Ho dovuto, Hanno voluto

Verstehen:
- Wenn auf das Modalverb ein Verb folgt, dessen *passato prossimo* mit *avere* gebildet wird, dann verwendet man *avere*.
- Wenn auf das Modalverb ein Verb folgt, dessen *passato prossimo* mit *essere* gebildet wird, dann verwendet man *essere*.
- Mit dem Hilfsverb *essere* werden die Endungen des Partizips in Geschlecht und Zahl angeglichen.

Anwenden 1:
sono potuta, ho dovuto, è voluta, sono dovuta, ho dovuto, ha voluto, siamo dovuti, abbiamo dovuto, è voluto, sono dovuta

Anwenden 2:
1. Noi abbiamo dovuto lavorare fino a tardi, (c.) così non siamo andati a teatro.
2. Martina non è potuta venire alla festa (b.) perché era malata.
3. Non ho potuto scrivere un'e-mail importante (d.) perché internet non funzionava.
4. Alessia e Valerio hanno voluto organizzare una cena (a.) per festeggiare il loro anniversario.

Anwenden 3:
abbiamo voluto, ho dovuto, abbiamo potuto, siamo voluti

★ 47 *Passato prossimo* mit Objektpronomen

Start / Sehen:
Sing.: l'ho chiamato, l'ho comprata
Pl.: li ho messi

Verstehen:
- Stehen die Objektpronomen vor *avere*, dann muss die Endung des Partizips in Geschlecht und Zahl an die Pronomen angeglichen werden.
- Nur die Objektpronomen im Singular werden apostrophiert.
- Die Verneinung steht vor den Objektpronomen.

Anwenden 1:
1. l'ho ascoltata, 2. l'ho incontrato, 3. l'ho comprata, 4. Le ho prese, 5. le ho chiamate, 6. Li ho messi

Anwenden 2:
Li ho presi, li ho portati, li ho lavati, li ho chiamati, l'ho chiamata, li ha visitati, Le ho incontrate, le ho invitate

★ 48 *Imperfetto*

Start:
avevo, ero, Andavamo, prendevano, finiva, partivamo, era, erano, incontravo, giocavo

Sehen:
giocare: (io) giocavo
prendere: (loro) prendevano
partire: (noi) partivamo
essere: (io) ero, (lui/lei/Lei) era, (loro) erano

Verstehen:
- Die Endungen *vo*, *vi*, *va*, *vamo*, *vate*, *vano* werden angehängt.
- Die Endungen des *imperfetto* sind gleich in allen drei Verbgruppen.

Anwenden 1:
a. (io) giocavo
b. (noi) andavamo
c. (voi) dormivate
d. (tu) sentivi
e. (loro) erano
f. (lui) leggeva
g. (noi) volevamo
h. (lei) mangiava
Lösung: C A R T E L L A

Anwenden 2:
passavi, uscivo, andavo, cucinava, lavorava, tornava, mangiava, faceva, trascorrevamo, giocavamo, andavamo, Ci divertivamo

Anwenden 3:
vivevamo, esistevano, ascoltavano, uscivano, si incontravano / s'incontravano, rimanevano, aveva, c'erano, usavano, trasmetteva, era

★ 49 *Imperfetto* oder *passato prossimo?*

Start / Sehen:
Passato prossimo: siamo tornati, Abbiamo visitato, siamo rimasti, siamo stati
Imperfetto: trascorrevo, aveva, era, faceva

Verstehen:
- Bei abgeschlossenen oder einmaligen Handlungen verwendet man das *passato prossimo*.

- Bei der Wiedergabe nacheinander stattgefundener Handlungen verwendet man das *passato prossimo*.
- Bei Gewohnheiten und regelmäßigen Handlungen verwendet man das *imperfetto*.
- Bei Beschreibungen und Zuständen verwendet man das *imperfetto*.

Anwenden 1:
Siete tornati, siamo arrivati, è andato, Abbiamo passato, ci alzavamo, andavamo, c'era, ci riposavamo, facevamo, uscivamo, era, era, sono stata, mi è piaciuta

Anwenden 2:
lavoravo, ero, ho deciso, avevo, avevo, conoscevo, parlavo, ho frequentato, ho cominciato, Mi sono iscritto, ho trovato, ha ordinato, è stato

Anwenden 3:
sono stata, Sono arrivata, ho visitato, era, faceva, sono andata, ho fatto, c'erano, Ho provato, era, Ho trovato, mangiavo, ero, comprava, piacevano

Verben: weitere Zeiten und Modi

★50 Imperativ

Start:
Du-Form: vai, prendi, Non comprare, pulisci, ricordati
Sie-Form: vada, compili, mandi, Non si dimentichi

Sehen:
(tu): prendi, pulisci
(Lei): mandi
Unregelmäßige Verben:
(tu): vai
(Lei): vada

Verstehen:
- Der Imperativ der Du-Form (*tu*) hat bei Verben auf *-ere* und *-ire* die Endung *-i*. Bei Verben auf *-are* ist die Endung der Du-Form *-a*.
- Der Imperativ der Sie-Form (*Lei*) hat die Endung *-a* bei Verben auf *-ere* und *-ire* und die Endung *-i* bei Verben auf *-are*.
- Bei der Du-Form werden die Reflexivpronomen sowie die unbetonten Objektpronomen an den Imperativ angehängt. Bei der Sie-Form werden die Pronomen vor die Imperativform gestellt.
- Der verneinte Imperativ der Du-Form wird mit *non* + Infinitivform des Verbs gebildet.

Anwenden 1:
tu: All'incrocio gira a destra.; Entra pure!; Stai/Sta' tranquilla!
Lei: Chiuda la porta, per favore.; Senta, scusi, che ore sono?; Faccia attenzione!; Guardi, è qui vicino.

Anwenden 2:
1. Scegli; 2. Dormi, alzati; 3. Fai /Fa'; 4. arrabbiarti, discutere; 5. Dedica

Anwenden 3:
si accomodi, dica, si preoccupi, metta, mangi, eviti, beva, prenda, torni

★ 51 *Condizionale semplice*

Start:
preferirei, consiglierei, Sarebbe, vi riposereste, fareste, visitereste, prenderei

Sehen:
visitare: (voi) visitereste
prendere: (io) prenderei
preferire: (io) preferirei

Verstehen:
- Bei den Verben auf *-are*, wie z. B. *visitare*, wird das *-a-* der Infinitivendung zu *-e-*.
- Die Endungen sind in allen drei Konjugationen gleich.

Anwenden 1:
a. Noi preferiremmo prendere il treno.
b. Signora Pozzi, ci potrebbe inviare i documenti?
c. Giorgio vorrebbe andare a Roma per visitare i Musei Vaticani.
d. Luca, dovresti vedere l'ultimo film di Salvatores.
e. Io andrei volentieri ai Caraibi la prossima estate.
f. Mi piacerebbe frequentare un corso di scrittura creativa.
g. Marcello, Luigi, mi aiutereste a portare la lavatrice in cantina?

Anwenden 2:
Sarebbe, piacerebbe, dovremmo, sarebbe, potremmo, sarebbero, cercherei, potresti, Dovrebbero, sarebbero, Andrebbero, conoscerebbero, farebbe

Anwenden 3:
dovresti, partirei, Sarebbe, Vivresti, impareresti, aiuterebbe, Sarebbe, Potreste, sarebbe, Avresti

★ 52 *Futuro semplice*

Start:
assumerà, saranno, partiranno, faranno, avranno, parleremo, guariranno, vivremo

Sehen:
parlare: (noi) parleremo
assumere: (lui/lei/Lei) assumerà
partire: (loro) partiranno
essere: (loro) saranno

Verstehen:
- Die Endungen sind bei allen drei Verbgruppen gleich.
- Bei den Verben auf *-are* (*parlare*) wird das *-a-* der Infinitivendung zu *-e-*.

Anwenden 1:
a. (tu) aprirai
b. (noi) terremo
c. (voi) vorrete
d. (io) offrirò
e. (lei) prenderà
f. (io) vivrò
g. (loro) faranno
Lösung: P R O F E Z I A

Anwenden 2:
farai, partirò, frequenterò, Sarà, verrà, visiteremo, ritornerà, rimarrò, Avremo, andremo

Anwenden 3:
sarà, porterà, Inizierete, potrete, saranno, dovrete, avranno, aiuterà, avrete, finirà

★ 53 *stare + gerundio*

Start:
state facendo, sto leggendo, sta dormendo, sto guardando

Sehen:
(io) sto
(lui/lei/Lei) sta
(voi) state
guardando
leggendo
dormendo
facendo

Verstehen:
- Bei der Bildung des *gerundio* der Verben auf *-are* wird die Endung *-ando* an den Verbstamm angehängt.
- Bei der Bildung des *gerundio* der Verben auf *-ere* und *-ire* wird die Endung *-endo* an den Verbstamm angehängt.

Anwenden 1:
a. Cristina sta uscendo dalla posta.
b. La signora Pocci sta salendo sul tram.
c. Sto parlando al telefono con il mio ragazzo.
d. Luca e Giovanni stanno bevendo un cappuccino al bar.

Anwenden 2:
state facendo, sto leggendo, sta cucinando, sta giocando, sta finendo, sta ascoltando, sta facendo, sta riparando

★ 54 *stare per*

Start / Sehen:
Sto per andare in centro.
Il Maggio Musicale Fiorentino sta per cominciare.

Verstehen:
Die Konstruktion *stare per* wird mit einer Form des Verbs *stare* + *per* + Verb in der Infinitivform gebildet.
- Bei reflexiven Verben kann das Reflexivpronomen an den Infinitiv angehängt werden oder vor *stare* stehen.

Anwenden 1:
1. Che brava! Ho saputo che (c.) stai per laurearti!
2. Scusa, non ho tempo. Ora (d.) sto per andare a fare la spesa.
3. Fra una settimana torniamo al lavoro. Le ferie (a.) stanno per finire!
4. Attento! Quel vaso (b.) sta per cadere!
5. Guarda che nuvole: (f.) sta per piovere!
6. Mamma, ho una bella notizia (e.) stai per diventare nonna!

Anwenden 2:
a. Lucia sta per farsi la doccia. / Lucia si sta per fare la doccia.
b. Guido e Martina stanno per sposarsi. / Guido e Martina si stanno per sposare.
c. Sto per partire per le vacanze.
d. Mariella sta per aprire un negozio.
e. Il film sta per iniziare.

Satzbau

55 Bejahter Aussagesatz

Start:
Subjekt: io e Roberta, una mia collega, io, mia suocera
Verb: fate, guardiamo, organizza, ho lavorato, resto, leggo, preparo, viene
direktes Objekt: un film, una festa, un libro, le lasagne
weitere Objekte: stasera, in TV, a casa sua, stasera, fino a tardi, a casa, a pranzo, domani

Sehen:
Io e Roberta guardiamo un film in TV.
Una mia collega/Lei organizza una festa a casa sua.
Io preparo le lasagne.
(Io) leggo un libro.
(Io) resto a casa.
(Domani) mia suocera viene a pranzo (domani).
(Io) ho lavorato fino a tardi.

Verstehen:
- Im Italienischen ist die Reihenfolge eines Aussagesatzes Subjekt + Verb + (Objekt/Objekte).
- Die Zeitangaben können am Satzanfang oder am Satzende stehen.
- Bei den Verben im *passato prossimo* darf das konjugierte Hilfsverb (*essere* oder *avere*) nicht vom Partizip getrennt werden.

Anwenden 1:
a. La mattina Lucia beve un caffè. / Lucia beve un caffè la mattina.
b. Maria regala un libro a un'amica.
c. Domani esco con gli amici. / Esco con gli amici domani.
d. La sera leggiamo un libro. / Leggiamo un libro la sera.

Anwenden 2:
a. Ieri io e Anna siamo andati al lago.
b. Domani Giovanni ha un esame.
c. Sara invia un'e-mail a Marta.
d. La nonna regala i giocattoli ai bambini.

56 Verneinter Aussagesatz

Start / Sehen:
Vieni o no?
Non so.
Non mi sento bene.
Non è possibile!
Non ci voglio andare da solo!
Non conosco nessuno.
Non esci più di casa!
Non sono mai stato a una cena in bianco.

Verstehen:
- *Non* steht in der Regel unmittelbar vor dem konjugierten Verb.
- Treten im Satz Objekt- und Reflexivpronomen auf, steht *non* vor den Pronomen.
- Wenn im Satz ein Negationsausdruck vorkommt, muss zusätzlich *non* vor dem Verb stehen.

Anwenden 1:
a. Oggi non vado in palestra. / Non vado in palestra oggi.
b. Il fine settimana non mi alzo tardi. / Non mi alzo tardi il fine settimana.
c. Cristina non ha voglia di uscire.
d. Non gli piace la musica italiana. / La musica italiana non gli piace.
e. A colazione non bevo mai il caffè. / Non bevo mai il caffè a colazione.

Anwenden 2:
1. no, No, non
2. No, non, non
3. no, non

Anwenden 3:
a. Non le piace viaggiare.
b. Stasera non ho voglia di andare al ristorante.
c. Non ho visto la Pinacoteca di Brera.
d. Non ci alziamo presto la mattina.

57 Fragesatz

Start / Sehen:
E chi è?
Che film andate a vedere?
Ah, ma dove vai?
Quando torni?

Verstehen:
- Bei Fragen mit Fragenwörtern steht das Fragewort vor dem Verb.
- Nach dem Fragewort *che* steht ein Substantiv.
- *Quale* hat die Form *quale* für den Singular und die Form *quali* für den Plural. *Quale* wird zu *qual* vor der Verbform *è*.

Anwenden 1:
1. che; 2. di dov'è; 3. Quale; 4. Quando; 5. Chi; 6. Qual

Anwenden 2:
1. Come (f.); 2. di dove (a.); 3. Dove (g.); 4. Quanti (b.); 5. Che (h.); 6. Come (c.); 7. A che (d.); 8. Che cosa (e.)

Anwenden 3:
a. Quando sei/è nata?
b. Dove andate in vacanza quest'anno?
c. Ti piacciono i pomodori?
d. Perché studiate l'italiano?
e. Katharina è tedesca?
f. Dove hai conosciuto Giorgio?

Register

Die Zahlen sind **Kapitelangaben**.

Quellenverzeichnis

Cover und Rücktitel: © Thinkstock/iStock/Vlad_Alex

S. 7: © fotolia/ilolab
S. 8: © Thinkstock/iStock/tanialerro
S. 10: © Thinkstock/iStock/monkeybusinessimages
S. 12: © Thinkstock/Stockbyte
S. 14: von links © Thinkstock/iStock/walterbilotta, © iStock/DanielBendjy, © Alexey Achepovsky – stock.adobe.com
S. 15: © Thinkstock/iStockphoto
S. 16: © Getty Images/Stockbyte/Alys Tomlinson
S. 17: von oben © Thinkstock/iStock/LSOphoto, © Thinkstock/iStock/fotostok_pdv, © Thinkstock/iStock/dolgachov
S. 19: © Thinkstock/iStock/GeorgiosArt
S. 20: © Getty Images/E+/narvikk
S. 21: von links © Getty Images/iStock/bonchan, © iStock/KateLeigh, © Thinkstock/iStock/Pascal Luijpen, © MarcoBagnoli Elflaco – stock.adobe.com
S. 22: von oben © fotolia/AustralianDream, © iStock/Ravi Tahilramani, © Getty Images/Flickr/Marvin Fox 2012, © iStock/canismaior
S. 23: von links © Thinkstock/iStock/annavee, © Thinkstock/iStock/Tenedos
S. 25: von oben © Thinkstock/iStock/Fabio Michele Capelli, © fotolia/Marco Saracco
S. 26: © Alexey Fedorenko – stock.adobe.com
S. 27: © PantherMedia/Carmen Steiner
S. 28: © ulisse – stock.adobe.com
S. 29: von links © Thinkstock/iStock/davide chiarito, © fotolia/chagpa
S. 31: von oben © iStock/pixelfit, © Getty Images/iStock/mustafagull
S. 32: © Getty Images/iStock/OSORIOartist
S. 34: von oben © Thinkstock/iStock/Nickolay Vinokurov, © Getty Images/iStock/kupicoo
S. 35: Smiley © Getty Images/iStock/Pingebat
S. 38: von oben © Getty Images/iStock/scanrail, © Thinkstock/Hemera/Lars Christensen, © fotolia/Michael Shake
S. 40: © Getty/Images/hjalmeida
S. 41: © Thinkstock/iStock/RomoloTavani
S. 44: von oben © fotolia/Kurhan, © iStockphoto/tiburonstudios, © fotolia/Yuri Arcurs
S. 46: © Getty Images/E+/piccerella
S. 47: © Getty Images/E+/Carlo107
S. 49: © Getty Images/E+/asiseeit
S. 50: © Getty Images/iStock/Wavebreakmedia
S. 51: Smileys © Getty Images/iStock/Pingebat
S. 53: © Getty Images/E+/alvarez
S. 54: © Getty Images/E+/Todor Tsvetkov
S. 56: © Thinkstock/iStockphoto
S. 57: © Getty Images/DigitalVision/Siri Stafford
S. 58: © Thinkstock/iStock/Juanmonino
S. 59: von oben © iStockphoto/ReinholdRatzer, © Getty Images/iStock/javi_indy
S. 60: T-Shirt © fotolia/sumnersgraphicsinc, Lampe © fotolia/auris, Äpfel © Getty Images/E+/pixelfit
S. 63: © Getty Images/E+/pixelfit
S. 65: © fotolia/MARIBELL
S. 66: © Iakov Filimonov - stock.adobe.com
S. 69: © Getty Images/E+/alvarez
S. 72: © fotolia/senoldo
S. 73: © elnariz – stock.adobe.com
S. 76: © Thinkstock/iStock/urfinguss
S. 77: © Getty Images/iStock/Nicolas McComber
S. 79: © Getty Images/iStock/Nicolas McComber
S. 82: Smileys © Getty Images/iStock/Pingebat
S. 83: von oben © iStockphoto/Rauluminate, © Getty Images/iStock/monkeybusinessimages
S. 84: © Getty Images/E+/Massimo Merlini
S. 86: © Getty Images/DigitalVision/Morsa Images
S. 88: © Getty Images/E+/alvarez
S. 89: © Getty Images/iStock/zhudifeng
S. 91: © Matteo Gabrieli – stock.adobe.com
S. 93: © Getty Images/iStock/kadmy
S. 94: © Thinkstock/iStock/Dirima
S. 95: © Thinkstock/Digital Vision/Allan Danahar
S. 97: © Thinkstock/iStock/Flory
S. 100: © Thinkstock/iStock/guruXOOX
S. 102: von oben © Thinkstock/iStock/marzolino, © Getty Images/iStock/pixonaut
S. 103: © Getty Images/DigitalVision Vectors/4x6
S. 105: © iStock/miappv
S. 106: © Getty Images/E+/filadendron
S. 108: © Getty Images/iStock/j-wildman
S. 111: © Thinkstock/Getty Images
S. 112: © Thinkstock/iStock/SeanPavonePhoto
S. 113: von oben © MicroOne – stock.adobe.com, © Christian Schirmer – stock.adobe.com
S. 116: © Getty Images/E+/Paolo Cipriani
S. 117: © iStock/PeopleImages
S. 121: © Getty Images/iStock/shalamov
S. 122: Smiley © Getty Images/iStock/Pingebat
S. 124: © fotolia/Duey
S. 125: © Thinkstock/iStock/fisher_photostudio
S. 127: © Thinkstock/iStock/gpointstudio
S. 128: © giumas – stock.adobe.com; Sterne: © fotolia/chagpa
S. 129: © Thinkstock/iStock/dolgachov
S. 130: © JFL Photography – stock.adobe.com
S. 131: © fotolia/beatrice preve
S. 132: © iStock/loops7
S. 133: von oben © Thinkstock/iStock/demaerre, © Getty Images/E+/AleksandarNakic
S. 134: © fotolia/Vincenzo De Bernardo
S. 135: © Thinkstock/iStock/Delpixart
S. 136: © Getty Images/E+/SolStock
S. 137: © Mattoff – stock.adobe.com
S. 141: © Getty Images/iStock/spooh
S. 144: © Getty Images/iStock/Juergen Sack
S. 147: von oben © Getty Images/iStock/AleksandarNakic, © Getty Images/Stockbyte/Jupiterimages
S. 149: Smiley © Getty Images/iStock/Pingebat
S. 150: © Getty Images/iStock/shapecharge
S. 151: © Getty Images/iStock/diego_cervo
S. 152: © fotolia/andreamearell9
S. 154: von oben © Thinkstock/iStock/bernardbodo, © Thinkstock/iStock/Wavebreakmedia
S. 155: © donaldrigo – stock.adobe.com
S. 158: © Getty Images/E+/franckreporter
S. 159: von oben © iStockphoto/Derek Latta, © fotolia/JC MELETON
S. 161: © Getty Images/iStock/alxpin
S. 163: © Thinkstock/iStock/R_Type
S. 165: © Getty Images/E+/Veni; Illustration © Thinkstock/iStock/MicrovOne
S. 170: Smileys © Getty Images/iStock/Pingebat
S. 172: © Getty Images/iStock/CasarsaGuru
S. 174: © Getty Images/E+/skynesher

Bildredaktion: Valeria Vairo, Hueber Verlag, München